MARCO POLO

NORDSEEKÜSTE

NIEDERSACHSEN MIT HELGOLAND

Reisen mit

Insider-Tipps

Diese Tipps sind die ganz speziellen Empfehlungen unserer Autoren. Sie sind im Text gelb unterlegt.

Fünf Symbole sollen Ihnen die Orientierung in diesem Führer erleichtern:

★

für Marco Polo Tipps – die besten in jeder Kategorie

für alle Objekte, bei denen Sie auch eine schöne Aussicht haben

für Plätze, wo Sie bestimmt viele Einheimische treffen

für Treffpunkte für junge Leute

(108/A 1)

Seitenzahlen und Koordinaten für den Reiseatlas Niedersächsische Nordseeküste

(**O**) *außerhalb des Kartenausschnitts*

Diesen Führer schrieb Klaus Bötig, der in Bremen lebt und so die Küste vor der Haustür hat.

Die Marco Polo Reihe wird herausgegeben von Ferdinand Ranft.

MAIRS GEOGRAPHISCHER VERLAG

Susann Kunzemann

MARCO POLO

Für Ihre nächste Reise gibt es folgende Titel dieser Reihe:

Ägypten • Alaska • Algarve • Allgäu • Amrum/Föhr • Amsterdam • Andalusien • Antarktis • Argentinien/Buenos Aires • Athen • Australien • Azoren • Bahamas • Bali/Lombok • Baltikum • Bangkok • Barbados • Barcelona • Bayerischer Wald • Berlin • Berner Oberland • Bodensee • Bornholm • Brasilien/Rio • Bretagne • Brüssel • Budapest • Bulgarien • Burgund • Capri • Chalkidiki • Chicago und große Seen • Chiemgau/Berchtesgaden • Chile • China • Costa Blanca • Costa Brava • Costa del Sol/Granada • Costa Rica • Côte d'Azur • Dalmat. Küste • Dänemark • Disneyland Paris • Dolomiten • Dominik. Republik • Dresden • Dubai/ Emirate/Oman • Düsseldorf • Ecuador/Galapagos • Eifel • Elba • Elsass • Emilia-Romagna • England • Erzgebirge/Vogtland • Finnland • Flandern • Florenz • Florida • Franken • Frankfurt • Frankreich • Franz. Atlantikküste • Fuerteventura • Gardasee • Golf von Neapel • Gomera/Hierro • Gran Canaria • Griechenland • Griech. Inseln/Ägäis • Hamburg • Harz • Hawaii • Heidelberg • Holland • Holl. Küste • Hongkong • Ibiza/Formentera • Indien • Ionische Inseln • Irland • Ischia • Island • Israel • Istanbul • Istrien • Italien • Italien Nord • Italien Süd • Ital. Adria • Ital. Riviera • Jamaika • Japan • Java/Sumatra • Jemen • Jerusalem • Jordanien • Kalifornien • Kanada • Kanada Ost • Kanada West • Kanalinseln • Karibik I • Karibik II • Kärnten • Kenia • Köln • Königsberg/Ostpreußen Nord • Kopenhagen • Korfu • Korsika • Kos • Kreta • Kuba • Languedoc-Roussillon • Lanzarote • La Palma • Leipzig • Libanon • Lissabon • Lofoten • Loire-Tal • London • Los Angeles • Lüneburger Heide • Luxemburg • Macau • Madagaskar • Madeira • Madrid • Mailand/Lombardei • Malaysia • Malediven • Mallorca • Malta • Mark Brandenburg • Marokko • Masurische Seen • Mauritius • Mecklenburger Seenplatte • Menorca • Mexiko • Mosel • Moskau • München • Namibia • Nepal • Neuseeland • New York • Nordseeküste: Niedersachsen mit Helgoland • Nordseeküste: Schleswig-Holstein • Normandie • Norwegen • Oberbayern • Oberital. Seen • Österreich • Ostfries. Inseln • Ostseeküste: Mecklenburg-Vorpommern • Ostseeküste: Schleswig-Holstein • Paris • Peking • Peloponnes • Peru/Bolivien • Pfalz • Philippinen • Phuket • Piemont/Turin • Polen • Portugal • Potsdam • Prag • Provence • Rhodos • Riesengebirge • Rocky Mountains • Rom • Rügen • Rumänien • Russland • Salzburg/ Salzkammergut • Samos • San Francisco • Sardinien • Schottland • Schwarzwald • Schweden • Schweiz • Seychellen • Singapur • Sizilien • Slowakei • Spanien • Spreewald/Lausitz • Sri Lanka • Steiermark • St. Petersburg • Südafrika • Südamerika • Südengland • Südsee • Südtirol • Sylt • Syrien • Taiwan • Teneriffa • Tessin • Thailand • Thüringen • Tirol • Tokio • Toskana • Tschechien • Tunesien • Türkei • Türk. Mittelmeerküste • Umbrien • Ungarn • USA • USA: Neuengland • USA Ost • USA Südstaaten • USA Südwest • USA West • Usedom • Venedig • Venetien/Friaul • Venezuela • Vietnam • Wales • Washington D. C. • Weimar • Wien • Zürich • Zypern • Die besten Weine in Deutschland • Die tollsten Musicals in Deutschland

Die Marco Polo Redaktion freut sich, wenn Sie ihr schreiben: Marco Polo Redaktion, Mairs Geographischer Verlag, Postfach 31 51, D-73751 Ostfildern

Unsere Autoren haben nach bestem Wissen recherchiert. Trotzdem schleichen sich manchmal Fehler ein, für die der Verlag keine Haftung übernehmen kann.

Titelbild: Leuchtturm in Pilsum (W. Dieterich)
Fotos: W. Dieterich; S. 86, 91: HB Verlag, Hamburg; S. 107: Mauritius: Hubatka

1. Auflage 2000 © Mairs Geographischer Verlag, Ostfildern
Chefredakteurin: Marion Zorn
Lektorat: Nikolai Michaelis
Gestaltung: Thienhaus/Wippermann (Büro Hamburg)
Kartografie Reiseatlas: © ADAC Verlag, München; Mairs Geographischer Verlag, Ostfildern

Printed in Germany
Gedruckt auf 100% chlorfreiem Papier

INHALT

257
224
257

Entdecken Sie die niedersächsische Nordseeküste!

Zwischen Emden und Elbe: eine Urlaubslandschaft von überraschender Vielfalt

Anfangs ist es das Meer, das die meisten Binnenländer an die südliche Nordsee zwischen Emden und Cuxhaven lockt. Wenn sie wieder abreisen, haben sie viel mehr als Meer gefunden: eine einzigartige Natur- und Kulturlandschaft mit oftmals verwirrender Geschichte, mittelalterlicher und moderner Kunst und eine Urlaubsregion mit fast unendlich vielen Möglichkeiten der Freizeitgestaltung.

Die Nordsee ist anders als Mittelmeer, Karibik und Ostsee: Sie dreht sich dank Ebbe und Flut ständig in Kreisen. Stellen Sie sich einen riesigen, waagerecht liegenden Ventilator mit nur einem mächtigen Blatt vor, das das Wasser ständig linksdrehend vor sich hertreibt – und Sie haben das Wesen der Gezeiten in der südlichen Nordsee erfasst.

Ebbe und Flut sorgen dafür, dass der Meeresboden vor der deutschen Nordseeküste zweimal täglich für einige Stunden trockenfällt. Diesen Bereich nennt man das Wattenmeer. Es ist heute als Nationalpark weitgehend unter Schutz gestellt, denn es bietet Tausenden von Tieren und vielen Pflanzen eine weltweit einzigartige Lebenswelt. Urlauber können sie entdecken: in den vielen Nationalparkhäusern entlang der Küste, auf geführten Wattwanderungen, die manchmal bis auf die vorgelagerten Inseln hinüberführen, aber auch schon bei Spaziergängen entlang der Strände.

Die sind ganz unterschiedlich. Kilometerlange, von Dünenketten gesäumte Sandstrände finden Sie nur auf den sieben bewohnten Ostfriesischen Inseln, die sich von Borkum bis Wangerooge parallel zur niedersächsischen Nordseeküste erstrecken. Entlang dem Festlandsufer finden Sie lange Sandstrände nur an wenigen, dem offenen Meer zugewandten Stellen: nördlich von Wilhelmshaven, an der Westküs-

Bei Flut steigt die Wasserkante bis dicht an die Strandkörbe

te Butjadingens und vor allem im Bereich von Cuxhaven. Ansonsten können Sie auf Ihrem Handtuch oder in Strandkörben zumeist an künstlich aufgeschütteten Sandstreifen oder auf grünen Wiesen die Sonne anbeten. Für die Zeiten, in denen sich das Meer vom Ufer zurückzieht, stehen Ihnen zum Baden zudem in vielen Küstenorten moderne Frei- und Hallenbäder zur Verfügung, unter ersteren auch viele, die im Winterhalbjahr beheizt sind.

Zum Meer gehören Fischerei und Schifffahrt. Sie haben jahrhundertelang neben der Viehwirtschaft den Charakter der Region geprägt. Als es noch keine Eisenbahnen und Straßen gab, spielte sich der überwiegende Teil des Fernhandels entlang den Küsten und auf Flüssen, seit dem 17. Jh. dann auch auf künstlichen Kanälen ab. Heute fast bedeutungslose Hafenorte wie Greetsiel, Carolinensiel, Hooksiel und Fedderwardersiel waren Handelshäfen von überregionaler Bedeutung, in denen Segelschiffe gebaut und bereedert wurden, die auf allen Weltmeeren fuhren. Dort haben sich alte Pack- und Kapitänshäuser erhalten. In manchen können Urlauber wohnen oder speisen, andere sind in interessante Schifffahrtsmuseen verwandelt worden. Heute liegen in diesen kleinen Häfen entweder Museumsschiffe und Oldtimer wie in Carolinensiel oder Flotten von Krabbenkuttern, die häufig auch Gäste mit auf ihre Fangfahrten nehmen.

Zudem fahren von sechs Hafenorten der niedersächsischen Nordseeküste auch täglich Fähren zu den Ostfriesischen Inseln hinüber, von denen Sie mindestens eine auf einem Tagesausflug besuchen sollten. Dabei sehen Sie sicherlich einige der vielen Seehunde oder Kegelrobben, die sich auf trockengefallenen Sandbänken ausruhen oder in den Fluten nach Fischen jagen. Inselerlebnisse ganz besonderer Art bieten schließlich Neuwerk und Helgoland: Nach Neuwerk können Sie im Pferdewagen durchs Watt hinüberfahren; Helgoland hingegen verlangt Ihnen meist etwas Seefestigkeit ab, belohnt Sie aber mit einer unvergleichlichen Natur und günstigen Einkaufsmöglichkeiten.

Die niedersächsische Nordseeküste besteht freilich nicht nur aus kleinen, romantischen Hafen- und modernen Badeorten. Für die Menschen der Region sind ihre großen Hafenstädte ebenso wichtig. Erdöl wird in Wilhelmshaven angelandet,

Die Marco Polo Bitte

Marco Polo war der erste Weltreisende. Er reiste in friedlicher Absicht, verband Ost und West. Er wollte die Welt entdecken, fremde Kulturen kennen lernen, nicht zerstören. Könnte er heute für uns Reisende nicht Vorbild sein? Aufgeschlossen und friedlich sollte unsere Haltung auf Reisen sein. Dazu gehören auch Respekt vor Mensch und Tier und die Bewahrung der Umwelt.

WWF

Autos werden via Emden und Bremerhaven im- und exportiert. Bremerhaven und Cuxhaven sind nicht nur als Anlandehäfen für Seefische, sondern auch als Sitz zahlloser Fisch verarbeitender Betriebe von Bedeutung. Bremerhaven und Cuxhaven laufen zudem häufig große Kreuzfahrtschiffe an; für 1999 waren allein in Bremerhaven 61 dieser Luxusliner mit über 50 000 Passagieren zu verzeichnen. Bremerhavens Containerhafen ist schließlich nach Hamburg die Nummer zwei in Deutschland. Hafenrundfahrten mit sachkundigen und humorvollen Kommentaren ermöglichen auch ausgesprochenen Landratten einen Einblick in diese maritime Erlebniswelt.

Wer sich Wind und Wellen aktiv anvertrauen will, findet auch dazu in dieser Region manche Möglichkeit: Segelschulen bringen Ihnen im Urlaub die Grundlagen dieser Sportart bei; Segelyachten können mit und ohne Skipper gemietet werden. Windsurfer und Wasserskiläufer sind in Hooksiel gut aufgehoben. Eine Sportart für die ganze Familie ist das Hochseeangeln. Fischkutter laufen von vielen Küstenorten zu bis zu achtstündigen Fangreisen aus, bei denen die Fahrgäste die Angeln auswerfen und gefangene Dorsche oder Makrelen behalten können.

Die drei Halbinseln zwischen Dollart und Jadebusen, Jadebusen und Weser sowie Weser und Elbe sind aber nicht nur entlang der Küste eine attraktive Ferienlandschaft. Erst Ausflugsfahrten ins Hinterland vermitteln ihren ganzen Reiz. Landschaftlich ist da viel zu entdecken, Moorseen

Watt mutt, dat mutt: Eine Wattwanderung ist Pflicht

zum Beispiel, die die Friesen Meere nennen (weil das Meer bei ihnen ja See heißt, siehe Nordsee). Einige sind für den Wassersport freigegeben, andere sind Naturschutzgebiete, die Sie auf Plankenwegen umwandern können.

Dass die Küstenregion auch ein geschichtsträchtiges Land ist, zeigen die mittelalterlichen Kirchen in vielen Dörfern, von denen manche ihrer Größe wegen sogar als Bauerndome bezeichnet werden. Sie sind aus Backstein oder Granitquadern gebaut und bergen häufig kostbare Schnitzaltäre, die die Zeit der Reformation im 16. Jh. unbeschadet überstanden haben. Viele dieser Gotteshäuser besitzen historische Orgeln, die in Gottesdiensten und bei Konzerten gespielt werden. In Esens zeugt eine alte Synagoge, an mehreren anderen Orten erzählen Friedhöfe von den ehemaligen jüdischen Mitbürgern der Friesen. Alte Grabplatten auf den Kirchhöfen sind mit schönen Reliefs von Segel-

Geschichtstabelle

ca. 10 000 v. Chr.
Mit dem Ende der letzten Eiszeit Herausbildung von Mooren und Marschen auf und an der Geest

um 700 n. Chr.
Das Land zwischen Weser und Ems wird von Friesen bevölkert; zwischen Weser und Elbe siedeln Sachsen

785
Unter Karl dem Großen wird die gesamte Region Teil des Fränkischen Reiches

793
Der Friesenmissionar Liudger erbaut in Leer die erste christliche Kirche des heutigen Ostfrieslands. Die Region gehört bald darauf teils zum 802 gegründeten Bistum Münster, teils zum 787 gegründeten Bistum Bremen

1088
Erste urkundliche Erwähnung eines Grafen von Oldenburg, das bis ins 19. Jh. immer im Gegensatz zu Ostfriesland steht

um 1100
Die friesischen Landgemeinden lösen sich von der Vorherrschaft binnenländischer Grafen und schaffen die »Friesische Freiheit«. Alljährlicher Treffpunkt der Gemeindevertreter wird der Upstalsboom bei Aurich

um 1350
Einzelne Geschlechter reißen in den bis dahin freien Landgemeinden die Macht an sich und werden als Häuptlinge quasi zu adligen Herren

1454
Häuptling Ulrich Cirksena wird Reichsgraf von Ostfriesland mit dem gesamten Land zwischen Weser und Ems

um 1650
Beginn der Erschließung der Moore im Landesinneren (Fehnkulturen), Gründung vieler Moordörfer

1744
Ostfriesland wird preußisch

1815–1866
Ostfriesland ist hannoveranisch, wird dann aber wieder preußisch

1871
Das preußische Ostfriesland und das noch unabhängige Großherzogtum Oldenburg werden Teil des Deutschen Reiches

1890
Großbritannien tritt Helgoland im Austausch gegen Sansibar und andere afrikanische Territorien an das Deutsche Reich ab

1946
Gründung des Landes Niedersachsen

1986
Gründung des Nationalparks Niedersächsisches Wattenmeer

2000
Expo 2000 in Hannover mit mehreren Außenstandorten an der niedersächsischen Nordseeküste

schiffen geschmückt, alte und neue Grabsteine geben Aufschluss über die Vielfalt ostfriesischer Vornamen, die im übrigen Deutschland völlig unbekannt sind. Viele Windmühlen aus den letzten 250 Jahren sind restauriert und dienen heute als Museum, Café oder gar als Ferienunterkunft.

Zum Erstaunen vieler Besucher gibt es hier im Norden sogar Wasserburgen und stattliche Schlösser, von denen das in Jever das prächtigste ist. Die Burgen sind größtenteils Relikte aus den vielen Jahrhunderten, in denen die Mächtigen immer wieder ihr Volk in den Krieg schickten, um für sie Land zu erobern. Zunächst waren die Friesen, die seit etwa 700 entlang der gesamten Küste siedelten, ein Volk von freien Bauern, die sich in Ostfriesland sogar zu einem gemeinsamen Bund, dem Upstalsboom, zusammenschlossen. Im Laufe der Zeit aber bildeten sich auch hier in vielen Siedlungsgebieten Häuptlingsdynastien heraus, die später zu gräflichen oder gar fürstlichen Geschlechtern erhoben wurden. Das Land zwischen Dollart und Weser war lange zwischen der ostfriesischen Dynastie der Cirksena, den Häuptlingen von Jever und den Grafen von Oldenburg umstritten. An Weser und Elbe kämpften zudem die großen Hansestädte Bremen und Hamburg um Einfluss und Macht.

Eine Bedrohung für alle Küstenbewohner blieb die Nordsee. Immer wieder schlugen Sturmfluten tiefe Breschen ins Land. Allein die zweite Marcellusflut am 16. Januar 1362 kostete über 10 000 Menschen das Leben;

Roter Klinker, bunte Türen: Friesenhaus in der Elbmarsch

viele Dörfer versanken damals in den Fluten. Ganze Landstriche wurden wie Butjadingen zeitweise zu Inseln. Alte Buchten verschwanden, neue wie der Jadebusen entstanden und änderten immer wieder ihre Form.

Die Menschen hielten dagegen, bauten höhere Deiche gegen weitere Fluten und versuchten durch Eindeichungen, altes Land zurückzugewinnen und neues zu schaffen. Sie nahmen dafür sogar in Kauf, dass Hafenstädte wie Norden, Wittmund oder Jever plötzlich im Binnenland lagen und ihre alte Funktion verloren. Mehrere Museen in der Region informieren über all diese Vorgänge und über die heutigen Deiche, die die Küstenorte nun endlich sicher schützen können. So steht Ihrer ungetrübten Urlaubsfreude nichts mehr entgegen – selbst im Winter nicht, wenn die Küstenorte ruhiger werden, aber Gäste weiterhin willkommen sind.

Vom Bernstein bis zum Wattenmeer

Was passiert bei Neumond? Wie lange taucht ein Seehund? Wann finden Sie das Gold des Meeres?

Bernstein

Das »Gold des Meeres«, ein fossiles Harz, kann man nicht nur an der Ostsee finden, sondern – mit viel Glück – auch an Nordseestränden. Die meisten Urlauber bekommen es allerdings nur in den Auslagen der Schmuckgeschäfte an der Küste zu sehen.

Bernstein ist das etwa 40 Millionen Jahre alte, versteinerte Harz von Nadelbäumen. Manchmal sind Insekten- oder Pflanzenreste im Stein eingeschlossen. Der Bernstein lagert im Boden der Marschen und im Meeresboden, wo er ausgewaschen und an den Strand gespült wird. Die Bernsteinsuche verspricht während und nach anhaltenden Ostwinden den größten Erfolg; besonders achten sollten Sie auf die dunklen Braunkohlengrusstreifen am Spülsaum.

Deiche

»Gott schuf das Meer, der Friese das Land«, sagt man im Norden Deutschlands. Schon vor 1000 Jahren begann man an der Küste, Deiche zu bauen, bereits um 1300 war die gesamte Küste eingedeicht. Doch immer wieder brachen die Deiche, verheerende Überschwemmungen waren die Folge. Das Meer eroberte sich Land, der Mensch holte es sich zurück. In manchen Gebieten Ostfrieslands, so in der alten Harlebucht, sind mehr als zehn Deichlinien erkennbar.

Für die Deichpflege an der Nordseeküste sind besonders umweltfreundliche Rasenmäher zuständig

Ebbe und Flut

Die Gezeiten, von den Küstenbewohnern Tiden genannt, bestimmen den Lebensrhythmus an der Nordseeküste. Innerhalb von 24 Stunden und 50 Minuten ist je zweimal Hoch- und Niedrigwasser, zweimal am Tag läuft das Wasser ab (Ebbe) und wieder auf (Flut). Das ist an den Küsten aller Meere so, im Ärmelkanal und an der Nordsee jedoch besonders ausgeprägt. Der Tidenhub, also der Unterschied zwischen Niedrig- und Hochwasser, nimmt im Bereich der niedersächsischen Nordseeküste von West nach Ost zu: Auf Borkum beträgt er durchschnittlich 2,20 m, in Bremerhaven sind es bereits 3,50 m.

Ursache für die Gezeiten sind die Fliehkraft der Erde und die Anziehungskraft des Mondes. Der gemeinsame Schwerpunkt beider Himmelskörper liegt etwa 1500 km unterhalb der Erdoberfläche. Dadurch ist die Fliehkraft der Erde auf der dem Mond abgewandten Seite größer als dessen Anziehungskraft, während das Verhältnis auf der mondzugekehrten Seite genau umgekehrt ist. Deswegen strebt das Wasser auf der dem Mond abgekehrten Seite von ihm weg, auf der ihm zugewandten Seite aber auf ihn zu. Dadurch entsteht auf beiden Seiten der Erdkugel ein Flutberg, der in 24 Stunden und 50 Minuten jeweils einmal rund um die Erde wandert.

Die Fluthöhe wird aber auch von der Sonne mitbestimmt. Auch sie übt ihre Anziehungskraft auf das Wasser aus, die der großen Entfernung wegen jedoch sehr viel geringer ist als die des Mondes. Stehen Erde, Mond und Sonne in einer Linie, was jeweils bei Neu- und Vollmond der Fall ist, verstärkt die Sonne aber noch die Anziehungskraft des Mondes, und es kommt zur Springflut mit deutlich erhöhtem Hochwasserstand. Stehen Sonne, Mond und Erde im rechten Winkel zueinander, was jeweils bei Halbmond der Fall ist, kommt es hingegen zur Nippflut mit einem besonders niedrigen Hochwasserstand.

Fehnsiedlungen

So bezeichnet man in Ostfriesland die in den Jahrhunderten der Moorkolonisation gegründeten Moorhufendörfer. Sie entstanden seit dem 17. Jh. entlang künstlich angelegter Kanäle, die das Moor entwässerten und oft die einzige Verbindung zur Außenwelt darstellten. Zu beiden Seiten des Kanals wurden Häuser gebaut. Dahinter konnten die Siedler einen Streifen Moor urbar machen und bewirtschaften, die so genannte Hufe. Bis 1765 durften diese Hufen so weit ins Moor hinein angelegt werden, bis sie auf ein anderes Grundstück stießen, das bereits urbar gemacht worden war. Nach 1765 entstanden in Ostfriesland auch viele unplanmäßig angelegte Moorkolonien ohne gutes Kanal- und Wegesystem. Beispiele dafür sind Moordorf und Eversmeer, während man die meisten Fehnsiedlungen entlang der touristischen Straße »Deutsche Fehnroute« findet.

Gasten

So nennt man in Friesland die Ackerflächen auf der Geest. Der Name lebt noch in Ortsnamen wie Dangast fort.

Geest und Marsch

Weite Teile der Landschaft zwischen Ems und Elbe werden von einem Geestrücken eingenommen, der durchschnittlich 5–8 m über dem Meeresspiegel liegt. Die Geest wurde durch die Gletscher der Eiszeit aufgeschüttet und besteht überwiegend aus Sand-, Kies- und Tonböden. Die oldenburgisch-ostfriesische Geest weist kaum noch nennenswerte Höhenunterschiede auf, während sich durch das Land zwischen Weser und Elbe der deutlich erkennbare, 100 km lange und bis zu 32 m hohe Geestrücken Hohe Lieth zieht.

Bis zum Anfang des 20. Jhs. war die Geest durch Hochmoore geprägt, die jetzt alle abgetorft sind; Äcker, Wälder und Weiden bestimmen das Landschaftsbild.

Meerseitig werden die Geestflächen von einem in Ostfriesland bis zu 17 km breiten Marschensaum begrenzt. Die Marsch entstand erst in den letzten 7000 Jahren. Die Nordsee brachte die Moorpflanzen am Geestrand zum Absterben und lagerte darüber Kleie und Sand ab. Salzwasserverträgliche Pflanzen siedelten sich darauf an; neues Land entstand. Man unterscheidet zwischen der geestseitig gelegenen älteren Marsch, dem so genannten Sietland, das meist geringfügig unterhalb des Meeresspiegels liegt, und der fruchtbareren jüngeren Marsch, die aus künstlich von Menschenhand wiedergewonnenem Land besteht. Kennzeichen der Marsch ist ihre flache, brettartige Gestalt.

Groden, Heller und Polder

Die drei Bezeichnungen findet man häufig als Teil topografischer Namen entlang der Küste des Wattenmeeres. Polder oder Innengroden heißt ein eingedeichtes Grünland, aus dessen Boden durch Niederschläge das vor der Eindeichung enthaltene Salz herausgespült wurde. Polderwiesen werden teilweise gemäht; sie sind gute Viehweiden. Als Heller oder Außengroden bezeichnet man hingegen das nicht eingedeichte Grünland an der Wattküste, das größtenteils aus Salzwiesen besteht.

Loog

Loog ist ein friesisches Wort für »Dorf«. Es kommt vor allem im Namen von Orten in der Marsch vor. Typische Endungen von Ortsnamen in der Marsch sind zudem -um und -sum; deren Bedeutung ist nicht geklärt.

Nationalpark

Seit dem 1. Januar 1986 gilt für die Küste zwischen der Elbe- und der Emsmündung die Verordnung über den Nationalpark Niedersächsisches Wattenmeer. Er reicht von Cuxhaven bis zur Krummhörn und umfasst auch den Jadebusen und die Ostfriesischen Inseln. Ausgeklammert bleibt der Dollart. Sitz der Nationalparkverwaltung ist Wilhelmshaven. Im Nationalpark gelten zahlreiche Einschränkungen für den Fremdenverkehr, die Landwirtschaft und die Fischerei, die noch immer umstritten sind. Den einen gehen sie zu weit, den anderen nicht weit genug. Über das Verhalten im Nationalpark, seine Natur und ihre Gefährdung informieren zahlreiche Nationalparkhäuser entlang der Küste und auf den Inseln.

Salzwiesen und Quellerwatt

Zwischen dem Deich und dem Watt liegen mit den Salzwiesen besonders schützenswerte Gebiete, die nur auf wenigen markierten Wegen betreten werden dürfen. Als Salzwiesen bezeichnet man die nur noch gelegentlich vom Meer überspülten Landflächen zwischen dem Seedeich und der meist 20–30 cm hohen Abbruchkante, an der das Watt beginnt. In diesem vordersten Bereich des Watts, auch Schlick- oder Quellerwatt genannt, setzt der Verlandungsprozess ein. Hier leben mit dem Queller (im August und September gelblich grün blühend) und dem Salzschlickgras (von Juni bis September gelblich weiß blühend) zwei Pflanzen, die mit ihren Wurzeln den Boden festigen und an denen sich feine Schwebstoffe absetzen. So wird der Boden erhöht und zugleich nährstoffreicher, sodass die Pflanzen schließlich absterben und anderen Arten Platz machen, deren Lebensraum die untere Salzwiese ist. Dazu gehören der Strandflieder, die Meerstranddistel und das grünlich violett blühende Andelgras. Auf der mittleren und oberen Salzwiese, die noch seltener vom Meerwasser erreicht werden, ist wieder eine andere Pflanzengesellschaft zu finden, zu der die selten gewordene Strandnelke und das Löffelkraut gehören. All diese Pflanzen sind die Lebensgrundlage für etwa 2000 Tierarten. Viele dieser Tiere leben in Abhängigkeit von nur einer einzigen dieser Pflanzenarten. Zudem sind die Salzwiesen für viele Vögel der einzige Platz, an dem sie während der Überflutung des Watts Nahrung finden. Andere wiederum brüten hier: der Rotschenkel, die Küstenseeschwalbe, der Regenpfeifer und die Uferschnepfe.

Seehunde

Das liebste Tier an der Nordseeküste ist den meisten Urlaubern wohl der Seehund. Von fast allen Küstenorten aus werden im Sommer Schiffsfahrten zu Seehundsbänken unternommen. Da liegen die Tiere, wenn das Watt trockengefallen ist, und sammeln neue Kräfte für die Jagd im zurückkehrenden Wasser. Ihre bevorzugte Nahrung sind Plattfische, sie begnügen sich aber auch mit Garnelen. Seehunde, die ja Meeressäuger sind, können bis zu 40 Minuten lang unter Wasser bleiben. Sie werden bis zu

Köpfchen in das Wasser, Schwänzchen in die Höh': Familie Seehund bei der Siesta

100 kg schwer und 1,50 bis 1,80 m lang. Ihre Ranzzeit, die Paarungszeit also, beginnt Ende Juli und hält bis in den September hinein an. Die Begattung wird im Wasser vollzogen. Nach zehn Monaten Tragezeit werden ab Mitte Juni die ersten Jungen geworfen – unglücklicherweise genau in der touristischen Hochsaison, wenn Ausflugsdampfer und Sportboote die Seehunde am meisten stören. Kommen die Boote den Seehunden zu nahe, flüchten sie ins Wasser. Das Säugen wird unterbrochen, und die Jungtiere scheuern sich auf der Flucht den noch sehr empfindlichen Nabel wund. Eine Entzündung endet oft tödlich. Bei der Flucht versucht das Jungtier (»Heuler«) durch klagende Geräusche Kontakt zur Mutter zu halten. Wind- und Strömungsgeräusche können diese jedoch überlagern und so dazu führen, dass es den Anschluss an seine Kolonie verliert und verhungert.

Andere Gefahren für die Seehunde sind Epidemien, wie sie zuletzt 1988 auftraten. Damals reduzierte sich die Zahl der Seehunde im niedersächsischen Wattenmeer von etwa 2500 auf gut 1000 Tiere. Inzwischen hat sich der Bestand wieder erholt: 1999 wurden wieder über 4000 Seehunde gezählt.

Siele und Schöpfwerke

Siele sind Entwässerungsschleusen. Ihre meerseitigen Tore schließen sich bei auflaufendem Wasser selbsttätig und öffnen sich ebenso automatisch durch den Wasserdruck bei ablaufendem Wasser. Weil die Siele allein aber die Entwässerung der Marsch nicht mehr bewerkstelligen können, wurden im 20. Jh. zahlreiche elektrisch betriebene Schöpfwerke erbaut, die bis zu 50 m^3 Wasser pro Sekunde aus dem Binnentief herauspumpen können.

Tief

Tief nennen die Friesen breite, teilweise sogar schiffbare Wasserläufe in der Marsch, durch die sie entwässert wird. Binnentiefs liegen landseitig vom Siel, Außentiefs meerseitig.

Warfen und Wurten

Warfen, Warften oder Wurten nennen die Friesen Erdaufschüttungen in der Marsch, auf denen Kirchen, Bauernhöfe und ganze Dörfer stehen. Erste Wurten warfen die Menschen in der Marsch schon in den Jahrhunderten nach der Zeitenwende auf; um 450 waren die meisten jedoch wegen des steigenden Meeresspiegels schon wieder verlassen. Eine erneute Besiedlung begann dann im frühen Mittelalter. Das schönste Wartendorf Ostfrieslands ist Rysum in der Krummhörn.

Windmühlen

Zwei Grundtypen sind zu unterscheiden: Bei der Bockwindmühle ist das ganze Mühlhaus drehbar, bei der Holländermühle nur die Kappe. Bei Erdholländern steht das Mühlenhaus direkt auf dem Boden, bei Galerieholländern auf einem Unterbau, der wie bei der Stiftsmühle in Aurich bis zu fünf Stockwerke hoch sein kann. Hier markiert eine umlaufende Galerie den Übergang vom Unterbau zum Mühlenhaus.

Pinkel und Granat

Lassen Sie sich bei den Spezialitäten der Küste nicht von ihren friesischen Namen abschrecken

Fisch steht an der Küste auf fast jeder Speisekarte. Kabeljau, Rotbarsch, Goldbarsch und Konsorten werden meist schon auf hoher See filetiert und tiefgefroren über die ganze Republik verteilt. Bei Scholle, Seezunge, Dorsch und Makrele können Sie fast immer damit rechnen, dass die Fische frisch vom Kutter stammen. Immer friesischer Herkunft sind die Garnelen, die die Binnenländer als Krabben, die Friesen aber als Granat bezeichnen. Sie leben in großen Mengen im Wattenmeer und werden noch an Bord der Kutter gekocht, wobei sie ihre blassrosa Farbe erhalten. Räucherfisch ist an der Küste ein Genuss, vor allem, wenn Sie ihn frisch direkt in einer der vielen Räuchereien mit Imbissbetrieb verzehren.

Auch Friesen leben nicht vom Meer allein. Die salzigen Rasenflächen auf den Deichen werden von Schafen kurz gehalten; dabei fällt so manches Deichlamm für die Küchenchefs ab. Eine eher seltene, traditionelle Spezialität sind *Updrögt Bohnen:* luftgetrocknete, gebrochene und wieder eingeweichte Bohnen, die zusammen mit Kartoffelpüree und Speck serviert werden. Als echtes Seemannsessen gilt *Labskaus* aus Kartoffelpüree und Pökelfleisch mit Matjeshering, Spiegelei und Roter Bete. Zwischen November und März duftet es überall in Friesland nach *Kohl und Pinkel.* Hierfür wird Grünkohl zusammen mit verschiedenen Würsten, Kassler, Speck und eben Pinkel gekocht – einer Wurstmischung aus Gewürzen, Speck, Schweinefett (Flomen) und vor allem Hafergrütze.

Als Nachtisch oder kleine Zwischenmahlzeit gönnen sich die Friesen gern eine rote Grütze oder einen Teller Milchreis. Ans harte Leben einstiger Moorbauern erinnern die Buchweizenpfannkuchen, während sich an *Jever Echte Leidenschaften,* süßen Blätterteigbrezeln, früher vor allem Jeveraner Damen labten. Hochprozentig ist die *Siehnbohnsopp* – beileibe keine Suppe, sondern in Branntwein eingelegte, mit Kandis gesüßte Rosinen.

Meist alkoholfrei ist hingegen der kräftige *ostfriesische Tee.* Besonders erfindungsreich zeigen sich die Friesen bei den Namen für ihre klaren Schnäpse, die sie als *Friesengeist,* als *Moorfeuer* oder als *Küstennebel* genießen.

Italienische Küche in holländischer Mühle im friesischen Wittmund: Multikulti in der Siuts-Mühle

Karamel-Sahne
Poppinga's Alte Bäckerei
100 g
Vanille-Sahne
071 Weizendoppelkorn 38% Vol
Greet sieler
Fischertropfen
Echte Leidenschaften

Kunsthandwerk und Teekultur

Originelles und Nützliches: vom Teeservice bis zum Buddelschiff, vom Hologramm bis zum »Moorfeuer«

Wer einmal das Teetrinken in Ostfriesland zelebriert hat, wird den Genuss auch zu Hause wiederholen wollen. In vielen Läden zwischen Weser und Ems finden Sie alles, was dazu nötig ist: die ostfriesische Teemischung, die Kluntjes (also den Kandiszucker), den Sahnelöffel, das Stövchen zum Warmhalten des Tees und das feine, ostfriesische Teeservice aus Porzellan. Ein besonderer Genuss ist der mit Vanille aromatisierte Sonntagstee. Er heißt so, weil er früher wegen seines höheren Preises eben nur an Sonn- und Feiertagen ausgeschenkt wurde.

Eine andere flüssige Spezialität sind die zahllosen Schnäpse und Liköre, die unter phantasievollen Namen wie Watt'n Geist (Weizenkorn), Moorfeuer (Halbbitterlikör) oder Nordsee-Geist (Genever mit Kräutern und Früchten) angeboten werden. Besonders gut zum Tee passt der ostfriesische Teelikör.

Wer gern Süßes mag, kann sich an Bonbons in Gestalt von Möweneiern oder an Muscheln aus Schokolade erfreuen. Ungeschälter Granat und frisch geräucherter Fisch, am letzten Urlaubstag gekauft, tragen den Geschmack des Meeres ins Binnenland. Ans friesische Bier erinnern die vielfältigen Fanartikel aus der Jever-Brauerei.

Buddelschiffe gibt es überall an der Küste in vielen Preislagen. Muscheln aus allen Weltmeeren werden vor allem in den privaten Muschelmuseen verkauft. Kunsthandwerker leben und arbeiten über die ganze Region verstreut. Die originelle, fast schon vergessene Technik des Blaudrucks wurde in Jever wieder belebt. Eine Riesenauswahl an modernen Hologrammen gibt es in Esens, handgewebte Textilien in Dorum. Keramik finden Sie vor allem in Jever, exklusive Schmuckdesigner beispielsweise in Hooksiel, Dorum und im Bremer Schnoorviertel. Dort erhalten Sie überdies bei Käthe Wohlfahrt das ganze Jahr über Christbaumschmuck. Die Auswahl an Bernsteinschmuck ist in Esens besonders groß. Antiquitätenhändler sind in vielen Orten ansässig.

Für Süßmäuler und Teetrinker: Stillleben in Greetsiel

NOR 228
NOR225
NOR225

Kutterregatten und Shantychöre

Die Häfen stehen im Mittelpunkt der Feste zwischen Elbe und Ems

Wie in vielen ländlichen Regionen Deutschlands wird auch zwischen Weser und Ems noch altes Brauchtum gepflegt. Wer im Mai über das platte Land fährt, sieht in vielen Orten auf Dorfplätzen und in Gärten bunt geschmückte Maibäume stehen. In der Nacht zum 1. Mai müssen sie gut bewacht werden, denn einen Maibaum zu stehlen ist guter friesischer Brauch. Nicht immer wird er fortgeschafft: Ein Baum gilt schon als entwendet, wenn es den »Dieben« gelungen ist, die ersten drei Spatenstiche unbemerkt anzusetzen. Erobern die »Bestohlenen« ihn nicht im Laufe des Wonnemonats zurück, müssen sie ihn auslösen – meist mit ein paar Kästen Bier.

Das ganze Jahr über sind an Privathäusern des Öfteren geschmückte Ehrenbogen und Girlanden aus Tannengrün und Papierblumen zu sehen. Nachbarn schmücken damit das Haus von neu Eingezogenen, von Jubilaren oder Geburtstagskindern – und werden dafür reichlich bewirtet. Auf den Treppen des Bremer Doms und den Stufen friesischer Rathäuser sind manchmal festlich gekleidete junge Männer mit einem Besen in der Hand zu sehen. Das ist ein untrügliches Zeichen dafür, dass sie gerade ihren 30. Geburtstag feiern und noch unverheiratet sind. Jetzt müssen sie so lange fegen, bis eine junge Dame sie freiküsst. Dafür aber haben Freunde schon ebenso gesorgt wie für Musik und reichlich Getränke.

An der Küste wird aber nicht nur im privaten Rahmen gefeiert. Eine ganze Reihe von Festen und Veranstaltungen wartet auch auf auswärtige Besucher.

Krabbenkutterregatten können Sie in vielen Hafenorten miterleben

GESETZLICHE FEIERTAGE

1. Januar *Neujahrstag*
Karfreitag
Ostermontag
1. Mai *Tag der Arbeit*
Christi Himmelfahrt
Pfingstmontag
3. Oktober *Tag der Deutschen Einheit*
25./26. Dezember *1. und 2. Weihnachtsfeiertag*

STADT- UND VOLKSFESTE

Wochenende an der Jade in Wilhelmshaven am ersten Juliwochenende: Kulturcocktail aus mehr als 400 Programmpunkten. Sieben Open-Air-Bühnen, Schiffsbesichtigungen, Großsegler und zum Abschluss am Sonntag ein Feuerwerk.

★ *Schützenfest* in Esens vom zweiten Freitag im Juli bis zum darauf folgenden Dienstag: Schausteller und Fahrgeschäfte, großes Festzelt. Montagmorgen Festumzug, abends Königsball.

Stadtfest in Aurich: ein Freitag und Samstag Mitte August. Livemusik auf über zehn Bühnen.

★ *Gallimarkt* in Leer Mitte Oktober: größtes Volksfest Ostfrieslands; am ersten Tag verbunden mit einem großen Viehmarkt.

HAFENFESTE UND KUTTERREGATTEN

★ *Kutterrennen Neuharlingersiel* am dritten Samstag im Juli: Bunt geflaggte Kutter liefern sich Wettfahrten, zahlende Gäste sind mit an Bord.

Hafenfest Carolinensiel am ersten Augustwochenende mit Feuerwerksspektakel »Hafen in Flammen« am Samstag.

Traditionelle Korsofahrt Greetsiel an einem Samstag Mitte August. Mehr Kutter als hier sind nirgends an der Küste unterwegs.

Fischkutterkorso Norddeich am vorletzten Samstag im August im Westhafen. Shantys, Marktstände und Kutterfahrten.

★ *Sail* in Bremerhaven alle zwei Jahre Ende August/Anfang September, 2000 vom 30. Aug. bis 3. Sept.: Festival der Windjammer, zu dem über 300 alte Segelschiffe jeder Größe erwartet werden.

Hafenfest Dangast am letzten Juliwochenende: liebenswert klein, aber ein buntes Programm.

SONSTIGE EREIGNISSE

Marathonlauf Helgoland im Mai: Weil Helgoland so klein ist, muss

Beim Schützenfest im Juli zeigt Esens Flagge

MARCO POLO TIPPS FÜR FESTE

1 **Schützenfest in Esens**
Ein König wird gekrönt, und alle feiern mit (Seite 22)

2 **Gallimarkt in Leer**
Das größte Volksfest in Ostfriesland (Seite 22)

3 **Sail in Bremerhaven**
Wo alte Windjammer-romantik wieder erwacht (Seite 22)

4 **Kutterrennen in Neuharlingersiel**
Gäste dürfen mit an Bord (Seite 22)

5 **Fuchsienschau in Ihlowerfehn**
Ein Tag im Paradies für Blumenfreunde (Seite 23)

6 **Drachenfestival in Butjadingen**
Spaß für Jung und Alt (Seite 23)

die Insel gleich viermal umrundet werden.

Nordseewoche Helgoland in der dritten Maidekade: die größte Segelsportveranstaltung an der Nordsee.

Fischerfest Cuxhaven am vorletzten Wochenende im Mai an der Neufelder und Niedersachsenstraße: eine Meile Fischbuffet und -auktion, dazu ein buntes Unterhaltungsprogramm.

Matjestage Emden am letzten Maiwochenende: viel frischer Matjes, ein Volksfest und über 100 Traditionsschiffe im Alten Binnenhafen und am Ratsdelft.

★ *Drachen- und Zirkusfestival Butjadingen* an Pfingsten in Burhave: jeden Tag Drachen in der Luft und viele Varietékünstler in kleinen Zirkuszelten.

Cux-Beach-Jever-Fun-Cup Cuxhaven an einem Wochenende Mitte Juli am Sport-und-Fun-Strand Steinmarne: Deutschlands größtes Strandvolleyballturnier für Mixedmannschaften.

Kreierrennen Pilsum an einem Samstag in der dritten Julidekade am Deicharbeiterdenkmal im Ortsteil Dieksiel: Wettschieben eines Wattschlittens im Schlick, an dem auch Gäste teilnehmen können.

Musikalischer Sommer drei Wochen Ende Juli/Anfang August: 30-mal klassische Musik an verschiedenen Veranstaltungsorten (u. a. Aurich, Dangast, Emden, Leer) in Ostfriesland. Programm im Internet unter *www.ostfriesischelandschaft.de.*

★ *Fuchsienschau* in Ihlowerfehn bei Aurich in der ersten Augusthälfte in der Gärtnerei Kuhlmann: über 200 blühende Fuchsiensorten auf 7500 m^2 begeistern Blumenfreunde.

Drachenfestival Cuxhaven Mitte August in Altenbruch-Hafen: Über 1000 Teilnehmer lassen Drachen steigen und hören Rockmusik am Strand.

Folklorefestival Cuxhaven am ersten Septemberwochenende im Kurpark und im Fort Kugelbake: Musik aus Norddeutschland.

Blütenfest Wiesmoor am ersten Wochenende im September: Höhepunkt ist der große Blumenkorso am Sonntag.

»Moin, moin« unter weitem Himmel

In Ostfriesland wird das Firmament zu einem Teil der Landschaft

Mit »Moin, moin« grüßt man sich zwischen Emden und Wittmund auch noch am späten Abend, denn es hat nichts mit dem hochdeutschen »Morgen« zu tun. Es besagt einfach so viel wie »hallo«, wenn das Wort selbst wohl ursprünglich auch »schön« bedeutete. Es ist natürlich plattdeutsch, wobei »platt« nun wiederum das niederdeutsche Wort für »flach« ist. Und flach ist Ostfriesland wahrhaftig. Anders als in Schleswig-Holstein gibt es hier keine Steilufer und keine sanft gewellte Geestlandschaft – der Blick schweift ungehindert zum Horizont. Dadurch wird auch der Himmel weiter, der mit seinem Wolkenspiel ein wesentlicher Bestandteil der ostfriesischen Landschaft ist.

Rotgrüne Eintracht: die Zwillingsmühlen am Ufer des Greetsieler Tiefs

Dass Ostfriesland sich nicht vom Dollart bis an den Jadebusen erstreckt, sondern sich die Halbinsel zwischen Ems- und Jade-Mündung mit Friesland teilen muss, liegt vor allem an den Oldenburgern. Deren Grafen hatten schon früh versucht, ihren Besitz zu erweitern, und schufen sich ein Reich, das bis an die Weser und vor die Tore Bremens reichte. Mitschuld trägt aber auch ein gewisses Fräulein Maria von Jever. Sie starb kinderlos und

Hotel- und Restaurantpreise

Hotels/Ferienwohnungen
Kategorie 1: über 160 Mark
Kategorie 2: 100–160 Mark
Kategorie 3: unter 100 Mark

Die Preise gelten für die Hauptsaison für ein Doppelzimmer pro Nacht, im Hotel mit Frühstück.

Restaurants
Kategorie 1: über 30 Mark
Kategorie 2: 20–30 Mark
Kategorie 3: unter 20 Mark

Die Preise beziehen sich auf die meisten der auf der Karte angebotenen Hauptgerichte ohne Getränke.

MARCO POLO TIPPS FÜR OSTFRIESLAND

1 Museumsschiffe in Emden
Ein Heringslogger, ein Feuerschiff und ein Rettungskreuzer laden zur Besichtigung ein (Seite 40)

2 Seehundaufzucht- und -forschungsstation in Norddeich
Nicht nur für Kinder vergnüglich: junge Seehunde, die wieder in Freiheit gelangen (Seite 51)

3 Kunsthalle in Emden
Meisterwerke des 20. Jhs., gesammelt von Henri Nannen (Seite 40)

4 Moormuseum in Moordorf
Ein einzigartiges Museum der Armut (Seite 29)

5 Insel Spiekeroog
Auf der traditionsbewusstesten Nordseeinsel werden selbst Fahrräder nicht gern gesehen (Seite 33)

6 Restaurant Witthus in Greetsiel
Exzellent speisen im schönsten Ort Ostfrieslands (Seite 48)

7 Restaurant Alte Schmiede in Dornumersiel
Feine Küche in historischem Ambiente oder im Sonnenschein (Seite 37)

8 Hotel Auf der Burg in Dornum
Gemütlich wohnen und speisen in historischen Gemäuern (Seite 38)

9 Ausflugsziel Rysum
Ostfrieslands schönstes Warfendorf ist kreisrund (Seite 50)

10 Heimat- und Teemuseum in Norden
Allerlei Wissenswertes rund um das ostfriesische Nationalgetränk, mit und ohne Teezeremonie (Seite 52)

hatte ihren Neffen Johann von Oldenburg als Erben eingesetzt, da sie seinen ostfriesischen Widersacher Edzard nicht leiden konnte. Damit war die Teilung zementiert, und Ostfriesland blieb bis heute auf den preußischen Regierungsbezirk Aurich reduziert.

Zu Ostfriesland gehören auch die sieben Ostfriesischen Inseln, die wir in diesem Band nur als Ausflugsziele schildern. Ausführlich berichtet der MARCO POLO »Ostfriesische Inseln«.

AURICH

(**109/F4**) Aurich (37 000 Ew.) ist eine weitgehend moderne Stadt. Wenig erinnert daran, dass die Grafen und Fürsten aus der Familie Cirksena von hier aus zwischen Mitte des 15. Jhs. und 1744 Ostfriesland regierten. Ihre Burg stand an der Stelle, an der König Georg V. von Hannover 1852 ein Schloss im Tudorstil erbauen ließ. Es wird heute von verschiedenen Behörden genutzt. So ist Aurich für Urlauber vor allem als

Einkaufszentrum attraktiv; für eine Besichtigung reichen zwei Stunden aus. Direkt unter dem Marktplatz liegt die Tiefgarage »Zentrum«.

BESICHTIGUNGEN

St.-Lamberti-Kirche

Der aus einem ehemaligen Zisterzienserkloster bei Ihlow stammende Altar wurde um 1500 in einer Antwerpener Werkstatt geschnitzt und bemalt. Die klassizistische Kirche selbst wurde jedoch erst 1834/35 erbaut. *Lambertshof, Mai–Sept. Mo–Sa 11–12 und 15–16 Uhr*

Stiftsmühle

Die über 28 m hohe Kornwindmühle aus dem Jahr 1858 ist die größte Ostfrieslands. Sie ist heute ein Museum, wo Entwicklung und Funktionsweise von Windmühlen ausführlich erklärt werden. *Oldesumer Str. 28, Tel. 04941/189 89, Di–Fr 13–19 (Nov. bis Feb. 15–19), Sa/So 14.30–18 Uhr, Eintritt 3 Mark*

MUSEUM

Historisches Museum Alte Kanzlei

Das modern aufgebaute Museum in einem Stadthaus, dessen Kern aus der Zeit um 1530 stammt, illustriert anschaulich die Stadtgeschichte von der Steinzeit bis heute. *Burgstr. 25, Tel. 04941/183 11, Di–Do 10.30 bis 13 und 14–17, So 14–17 Uhr, Eintritt 5 Mark*

RESTAURANTS

Zur Börse

1901 eröffnetes Gasthaus mit Biergarten auf dem alten Stadtwall. *Burgstr. 50, Tel. 04941/616 20, So geschl., Kategorie 3*

Markthalle

Für weniger als zehn Mark können Sie in der gläsernen Auricher Markthalle satt werden. Sie stellen sich Ihr Essen an den Tresen verschiedener Anbieter selbst zusammen und genießen es an den Tischen auf der zentralen Piazza. Donnerstagabends

Dreimal die Woche hält Aurichs Marktplatz, was sein Name verspricht

gibt es häufig Livemusik. *Marktplatz, Mo–Fr 8–19 (Do bis 23), Sa 8–16 Uhr, Kategorie 3*

EINKAUFEN

Haupteinkaufsstraße ist die Burgstraße, die auch den Marktplatz mit seiner gläsernen Markthalle streift. Konkurrenz macht ihr der Carolinenhof, ein modernes, überdachtes Shoppingcenter an der Ringstraße um die Innenstadt. Wochenmarkt ist Di, Fr und Sa auf dem Marktplatz.

ÜBERNACHTUNG

Hesse im Twardokus
Historisches Hotel in der Fußgängerzone, mit Dachterrasse und Fahrradverleih. *16 Zi., Kirchstr. 6, Tel. 04941/990 90, Fax 99 09 29, Kategorie 2*

Piquerhof
Klassizistischer Bau am Rand der Fußgängerzone an der Stelle, an der einst Aurichs erste Häuptlingsburg stand. Hallenbad, behindertengerecht. *51 Zi., Burgstr. 1, Tel. 04941/955 29, Fax 668 21, Kategorie 1–2*

AM ABEND

Carolinenhof-Kino
Fünf Filmtheater unter einem Dach. *Fischteichweg, Programmansage Tel. 04941/616 15*

Dinis
Disko im Einkaufszentrum Carolinenhof. *Fischteichweg, Mi–So ab 21 Uhr*

Zur Ewigen Lampe
Im Gastraum von Aurichs ältester Kneipe in einem über 400 Jahre alten Haus stehen nur drei Tische. Da kommt man wie von selbst in Kontakt mit den einheimischen Stammgästen. *Hafenstr. 1, So-Abend geschl.*

SPORT UND AKTIVITÄTEN

Bowling
16 Bowlingbahnen erwarten Sie im Carolinenhof. *Fischteichweg, Tel. 04941/54 54, Mo–Fr ab 16, Sa/So ab 15 Uhr*

Inline Center
Die Aktionshalle für Inliner, Skateboard und BMX, mit Schulung und Verleih. *Finkenburgweg 9, Tel. 04941/18 08 10, Mo–Fr 14–22, Sa/So (während der niedersächsischen Schulferien tgl.) 10–22 Uhr, Eintritt 6 Mark, bis 15 Jahre 4 Mark, Zuschauer frei*

Motorradverleih
Brandt's Biker Shop, Von-Ihering-Str. 37, Tel. 04941/101 33, Kawasaki-Motorräder inkl. 300 km ab 99 Mark/Tag

Schiffstouren
Von Ostern bis Anfang Oktober Ausflugsfahrten mit der MS »Stadt Aurich« über den Ems-Jade-Kanal nach Wiesens, Ihlow oder Emden. *Termine beim Verkehrsverein*

Stadtführungen
Mai–Anfang Okt. Sa 10 Uhr, Juli/Aug. auch Do und Fr 11 Uhr ab Verkehrsverein am ZOB, Gebühr inkl. Eintrittsgelder 5 Mark

AUSKUNFT

Verkehrsverein Aurich
Norderstr. 32, 26603 Aurich, Tel. 04941/44 64, Fax 106 55

ZIELE IN DER UMGEBUNG

Middels (109/F 3)
Zwischen Aurich und Wittmund lohnt ein kurzer Abstecher von der B 210 zur Granitquaderkirche von Middels (13. Jh.). Die Nordwand besteht noch bis unters Dach aus Granitquadern, Südwand und Apsis wurden später teilweise mit Ziegelsteinen ausgebessert.

Moormuseum Moordorf (109/E 4)
In dem Ort (6000 Ew.) am Abelitz-Moordorf-Kanal macht das ★ *Moormuseum* auf eindrucksvolle Weise deutlich, in welcher Armut die Kolonisatoren des Moores im 18., 19. und auch noch im frühen 20. Jh. lebten. Im Freilichtbereich wurden ihre mit Stroh oder Reet gedeckten Lehmhütten und ein Kolonistenhaus nachgebaut; ein Buchweizenfeld und ein Torfstich illustrieren ihre Lebensgrundlage. *Victorburer Moor 7a, Tel. 04942/27 34, www.home.t-online.de/home/Moormuseum-Moordorf, 21. März–Okt. Di–So 10–17.30 Uhr, Eintritt 4 Mark*

Raher Schleuse (109/E 4)
Die Schleuse, auf Friesisch Rahester Verlaat genannt, ist eine von vieren im Verlauf des Ems-Jade-Kanals. Sie wird noch heute von Lastkähnen genutzt, die bis zu 33 m lang sein dürfen. Direkt an der Schleuse liegt die Caféterrasse der *Schankwirtschaft Kukelorum (Boomweg 26, Rahe, Tel. 04941/645 55, Mo geschl., Kategorie 3),* von der aus man den gemächlichen Schleusenbetrieb gut beobachten kann. Sie bietet u. a. ostfriesischen Tee und ostfriesische Spezialitäten.

Upstalsboom (109/E 4)
Bevor sich auch in Ostfriesland Adlige zu Herren über ihre Mitmenschen aufschwangen, war Friesland zwischen Zuiderzee und Weser ein Land freier Bauern. Sie hatten sich zum Upstalsboomverband zusammengeschlossen und entsandten ihre gewählten Vertreter einmal jährlich am Dienstag nach Pfingsten zu einer alten friesischen Volksversammlungsstätte bei Aurich, dem Upstalsboom (dem »aufgestellten Baum«). Auf diesen Thing genannten Plätzen wurden Gesetze verabschiedet und Verträge geschlossen, und man beriet sich über die auswärtigen Beziehungen. Heute erinnert eine kleine, 1833 errichtete Pyramide auf einem Erdhügel an diese Zeit, die mit einem ersten Zusammentreffen im Jahr 1156 begann. *Wegweiser »Zur Thingstätte« an der Oldersumer Straße hinter Rahe, frei zugänglich, am Beginn der Buchenallee parken, von dort 200 m zu Fuß*

CAROLINENSIEL UND HARLESIEL

(110/B 3–4) Die zur Stadt Wittmund gehörende Gemeinde Carolinensiel (1700 Ew.) überrascht mit einem der schönsten Häfen Ostfrieslands, obwohl sie gar nicht am Meer liegt. 1729 reichte es dagegen noch bis hierher, als der Ort von holländischen Siedlern gegründet und der Hafen vor einem neu in den damaligen Deich eingefügten Sieltor angelegt wurde. Durch Eindeichungen wurde in den folgenden Jahrzehnten Neuland gewonnen, sodass 1765 der Bau einer

Schleuse etwa 1 km nordwärts notwendig wurde, die man nach Friedrich dem Großen benannte. Weitere Neulandgewinnungen führten dann 1955–59 zur nochmaligen Verlängerung des Siels und zum Bau einer weiteren Schleuse mit modernem Schöpfwerk vor dem heutigen Hafen von Harlesiel, von dem die Fähren nach Wangerooge abfahren. Der Hafen von Carolinensiel ist heute nur noch Museumshafen. Alte Häuser und hohe Bäume säumen ihn auf drei Seiten, an den Kais sind Museumsschiffe fest vertäut. Gastboote dürfen nur anlegen, wenn es sich um Oldtimer handelt. Wer mit dem Auto kommt, darf (mit Parkscheibe) auf dem Parkplatz der Kurverwaltung in der Bahnhofstraße – vier Gehminuten vom Hafen entfernt – bis zu vier Stunden kostenlos parken.

BESICHTIGUNGEN

Deichkirche

Das Mauerwerk des auch als »Schifferkirche« bezeichneten Gotteshauses aus dem Jahr 1776 ist ringsum so grün berankt, dass die Ziegelsteine kaum noch zu sehen sind. Innen wirkt die Kirche durch ihre Schlichtheit. Besonders schön sind die Orgelempore und die drei großen Segelschiffmodelle. *Carolinensiel, Kirchstr., Di–Sa 10–18 Uhr, kostenlose 20-minütige Führungen im Juli/Aug. Mi 10 Uhr*

Friedrichsschleuse

Eine Zugbrücke holländischer Art überspannt die Schleuse, die Sie von Carolinensiel auf einem etwa 15-minütigen Spaziergang entlang der Harle erreichen.

MUSEEN

Sielhafenmuseum

Das über drei historische Häuser verteilte Museum erläutert die Geschichte des Ortes und seine frühere Bedeutung als einer der größten Häfen Ostfrieslands. Vor allem aber zeigt das Museum das Leben im Ort im 19. und frühen 20. Jh.: wieder aufgebaute Werkstätten wie die eines Seilers, eines Böttchers, eines Segelmachers usw., eine Apotheke und ein alter Tante-Emma-Laden. *Carolinensiel, Am Hafen Ost und Pumphusen 3, Tel. 04464/456, Mitte März–Anfang Nov. sowie in den Weihnachtsferien tgl. 10–18 Uhr, kostenlose Führungen Mai–Sept. Mo 15.30 Uhr, Eintritt 5 Mark, Kinder (6–16 Jahre) 1 Mark, Familienkarte 10 Mark*

Spielzeugmuseum Dat ole Huus von 1866

Kleine Sammlung von Puppen, Teddybären und Blechspielzeug, liebevoll präsentiert. *Carolinensiel, Wittmunder Str. 6, Tel. 04464/12 60, Mo–Fr (während der Sommerferien tgl.) 10–13 und 15–18 Uhr, Eintritt 2,50 Mark*

RESTAURANTS

Erholung

Früher Seemannskneipe, heute die einzige Gaststätte mit Terrasse direkt am Museumshafen. Sehr preiswerte Mittagsgerichte, Frühstück à la carte. *Carolinensiel, Am Hafen Ost 5, Tel. 04464/310, kein Ruhetag, Kategorie 3*

Puppen-Café

Draußen eine Rasenterrasse am Harleufer, drinnen ein niedlicher Gastraum, den wertvolle alte

Im Sielhafenmuseum: wundersame Zeitreise für die Kids der Computerära

Puppen dekorieren. Spezialitäten sind die Haustorte mit Zimtsahne, Rum und Pflaumen und der »Ostfriesische Sturmsack«, ein mit Sahne und Bohnensopp, also Rosinen in Branntwein, gefüllter Windbeutel. Dazu passt als Getränk ein Zimt- oder Walnusslikör. *Carolinensiel, Am Hafen West 12, Tel. 04464/429, kein Ruhetag, Kategorie 3*

Räuchereien
Zwei Räuchereien bieten täglich frische Räucherfische zum Mitnehmen, aber auch zum direkten Verzehr: *Küsten-Räucherei Albrecht (Friedrichsschleuse 17)* und *Räucherei an der Schleuse (Harlesiel, Schleusenstr. 9), beide tgl. 9–21 Uhr*

EINKAUFEN

Atelier Hermann Hohlen
Landschaftsbilder in Öl, überwiegend Motive aus Carolinensiel und Umgebung, Gemälde ab ca. 250 Mark. *Carolinensiel, Pumphusen 10, bitte klingeln*

Lothar Reichert Antiquitäten
Nicht nur Möbel, sondern auch viel Trödel und Kunsthandwerkliches zum Mitnehmen. *Carolinensiel, Kirchstr. 2*

ÜBERNACHTUNG

Gästehaus Blischke
Moderne Zweipersonenapartments in einem Haus unmittelbar am Harleufer, 1200 m vom Strand entfernt. *12 Apartments, Carolinensiel, Pumphusen 4–6, Tel. 04464/94 88 00, Fax 94 88 39, www.home.t-online.de/home/blischke.htm, Kategorie 2*

Schluister Park
Kleines Hotel, 800 m vom Strand entfernt. Sauna und Solarium, Bier- und Kaffeegarten. *14 Zi., Friedrichsschleuse 7, Tel./Fax 04464/85 12, Kategorie 1–2*

Urige Windmühle
23 Ferienwohnungen für zwei bis zehn Personen in einer Windmühle, dem Müllerhaus

und einem Nebengebäude (dort mit offenem Kamin und Balkon). Auskunft: *Gabriele Encke, Finkenweg 8, 46284 Dorsten, Tel. 02362/751 52, Fax 739 33, Kategorie 3*

SPORT UND AKTIVITÄTEN

Computer- und Internetkurse

Sommerkurse für Teilnehmer ab zehn Jahren, maximal sechs Personen pro Gruppe. Auskunft: *Computer-Systeme Knebel, Tel. 0231/975 98 07, www.knebel.de*

Museumsfähre

Eine kleine, offene Fähre verkehrt im Sommer bei schönem Wetter täglich jede Stunde zwischen 10 und 18 Uhr zwischen dem Museumshafen und Harlesiel. *Fahrpreis 3 Mark*

Ruder- und Tretboote

Verleih am Harleufer vor dem Café Tüdelpott *(Pumphusen 10)*. Damit sind Fahrten auf der Harle bis in den Museumshafen möglich. *Tretboote 15 Mark/Std., Kanus und Ruderboote 11 Mark/Std.*

Schwimmbad

Beheiztes Meerwasserfreibad am Badestrand. *Harlesiel, Mitte Sept.–Mitte Mai geschl.*

Wattwanderungen

Führungen durch *Gottfried Hillerns (Up de Ring 24, Tel. 04464/460)*. An etwa neun Tagen zwischen Juni und August werden außerdem etwa dreieinhalbstündige Wattwanderungen von Harlesiel zur Insel Spiekeroog angeboten *(Auskunft: Günther Oldendorf, Joh.-Chr.-Reil-Str. 27, 26506 Norden, Tel. 04931/161 22, Fax 161 21)*.

AM ABEND

Zur Möwe

Kneipe und Restaurant auf einem fest auf der Harle zwischen Friedrichsschleuse und Schöpfwerk vertäuten Schiff, manchmal abends Livemusik. *Friedrichsschleuse 25, tgl. ab 11.30 Uhr*

Rostiger Anker

Urige, maritim eingerichtete Kellerkneipe, in der zu Musik aus der Jukebox getanzt werden kann. *Carolinensiel, Wittmunder Str. 1, tgl. ab 20 Uhr*

AUSKUNFT

Kurverwaltung und Zimmervermittlung Carolinensiel-Harlesiel

Bahnhofstr. 40, 26409 Carolinensiel, Tel. 04464/949 30, Fax 94 93 23, www.nordsee-urlaub.de/carolinensiel

Haus des Gastes

Carolinensiel, An der Kurpromenade 1, Tel. 04464/13 13, Fax 873 95

ZIELE IN DER UMGEBUNG

Freizeitpark Lütge Land (110/B 4)

Am östlichen Ortsrand von Altfunnixsiel liegt nahe der B 461 der 25 ha große Freizeitpark. Hauptattraktion sind 46 Modelle bekannter historischer Bauwerke im Maßstab 1:25. Nur kleinere Kinder bis etwa zwölf werden das Angebot an Spielmöglichkeiten und Fahrattraktionen so interessant finden, dass sich der Eintrittspreis lohnt. *Tel./Fax 04464/17 44, April–Okt. tgl. 9–19 Uhr, Eintritt 15 Mark, Kinder (3–14 Jahre) sowie Senioren ab 60 Jahre 10 Mark*

Neuharlingersiel **(110/A 3–4)**
Neuharlingersiel ist – anders, als sein Name vermuten lässt – ein schon 1693 gegründeter und noch immer sehr geschäftiger Hafenort (1200 Ew.) direkt am Wattenmeer. 19 Fisch- und Krabbenkutter sind hier stationiert, im Hafen herrscht Arbeitsatmosphäre. Auch die Sehenswürdigkeiten liegen um den Hafen herum. Unmittelbar am Anleger der Spiekeroogfähre gewährt die *Deutsche Gesellschaft zur Rettung Schiffbrüchiger (tgl. 10 bis 11.30 und 14.30–17 Uhr, Spende erbeten)* in einem Schuppen Einblick in ihre segensreiche, nur aus privaten Spenden finanzierte Arbeit. An der westlichen Hafenseite präsentiert ein privates *Buddelschiff-Museum (Westseite 7, tgl. 10–13 und 14.30–18 Uhr, Eintritt 2 Mark, Kinder 0,50 Mark)* im Gebäude von Janssen's Hotel über 70 dieser filigranen Gebilde: Thor Heyerdahls Kon-Tiki hat ebenso ihre Flasche gefunden wie die Santa Maria des Columbus. In einer Flasche liegt ein Schiff im Trockendock, eine andere teilen sich zwei konventionelle und ein atomgetriebenes U-Boot. Sogar ein Buddelschiffbauer bei seiner Arbeit ist in einer der Flaschen zu bestaunen.

Im Süden des Hafenbeckens gelangen Sie durch die Sieltore, die bei Sturmfluten geschlossen werden können, in den kleinen Park des *Sielhofs,* eines wie ein kleines Schloss wirkenden Gutshofs aus dem 18. Jh. Die Tür zur winzigen *Gutskapelle* steht meist offen; stimmungsvolle Abendandachten finden hier von Mitte Juni bis Ende August jeweils Mi und Fr um 20.30 Uhr statt. Im alten Gutshof wartet das *Café-Restaurant Sielhof (Mo geschl., Tel. 04974/605, Kategorie 2)* auf Gäste. Direkt am Hafen übernachten Sie gut in *Mingers Hotel (33 Zi., Am Hafen West 1, Tel. 04974/ 91 30, Fax 14 80, Kategorie 1).* Einen Tagesparkplatz finden Sie am Fähranleger auf der Westseite des neuen Hafens.

Auskunft: *Kurverwaltung, Hafenzufahrt West 1, 26427 Neuharlingersiel, Tel. 04974/18 00, Fax 788, www.nordsee-urlaub.de/ neuharlingersiel*

»Volle Pulle« ist die Devise im Buddelschiffmuseum

Spiekeroog **(110/A–B 3)**
★ Spiekeroog (790 Ew.) ist die ruhigste und traditionsverbundenste aller Ostfriesischen Inseln. Als einzige besitzt sie keinen Flugplatz. Spiekeroog ist nicht nur autofrei: Selbst Gästefahrräder werden hier nur ungern gesehen, einen Fahrradverleih gibt es nicht. Im historischen Ortskern mit seinen schmalen Gassen stehen nicht nur mehrere jahrhundertealte Insulanerhäuser, sondern auch hoch gewachsene Bäume und die älteste Kirche aller sieben Inseln. Kein modernistischer Bau stört das harmonische, wirklich noch dörflich anmutende Ortsbild mit seinen Linden und Kastanien. Zwischen

Dorf und Strand liegt ein außergewöhnlich breiter Dünengürtel, den stellenweise Wäldchen durchziehen. Durch die Dünen führt ein dichtes Netz von Wanderwegen; Aussichtsdünen gewähren einen prächtigen Überblick über die Insel.

Zumindest von außen anschauen sollten Sie sich die *Alte Inselkirche (Innenbesichtigung nur Mo 16–17, Mi 11–12, Fr 17 bis 18 Uhr)* aus dem Jahr 1698 zwischen den Straßen Süder- und Noorderloog. Auf dem Kirchhof sind noch einige alte Grabsteine aus dem 18. und 19. Jh. zu sehen, die zum Teil schöne Segelschiffreliefs tragen. Das *Inselmuseum (Noorderloog 1, Mo, Mi, Do, Fr 15.30–17.30 Uhr, Eintritt 3 Mark)* zeigt präparierte Vögel, Gerätschaften der Insulaner vergangener Zeiten und viele historische Fotos. Amüsant ist das private *Muschelmuseum* in der Strandhalle *(Mo–Sa 10–12 und 13.30–16.30 Uhr, Eintritt 2,50 Mark)*. Ein stimmungsvolles Café ist *Das Alte Inselhaus (Süderloog 4, tgl. 15–17 und 19–23 Uhr)* im ältesten, um 1700 erbauten Haus der Insel.

Die Fähren nach Spiekeroog fahren in Neuharlingersiel ab, der Fahrplan ist tidenabhängig *(Auskunft Tel. 04974/214)*.

Wangerooge (110/B–C 3)

Die östlichste der Ostfriesischen Inseln (1280 Ew.) musste im April 1945 den schwersten Bombenangriff hinnehmen, dem die Inseln je ausgesetzt waren. Nur wenige ältere Häuser wie der Bahnhof von 1906 stehen noch. Am Bahnhof beginnt mit der Zedeliusstraße die Flaniermeile Wangerooges, die 600 m weit bis direkt an den Strand führt. Von dort aus sieht man oft große Schiffe vorbeifahren: Die Schifffahrtswege in den Jadebusen, die Weser und die Elbe führen dicht an der Insel vorbei.

Über Wangerooge und seine Geschichte informiert das *Heimatmuseum (Bahnhofstr., Mo–Fr 10–12 und 14.30–16.30 Uhr, Eintritt 3 Mark)* im schon 1855–59 erbauten, 39 m hohen Alten Leuchtturm. Deutsche Soldaten und ausländische Zwangsarbeiter sind in der Kriegsgräberstätte in einem Dünental am Fußweg in den Inselwesten beigesetzt. Dort steht seit 1933 der Westturm als Wahrzeichen der Insel (heute Jugendherberge).

Ein schöner Platz fürs Mittagessen oder Kaffeetrinken ist das kreisrunde *Café Pudding (Zedeliusstr., Tel. 04469/220, kein Ruhetag, Kategorie 2)* auf einer Düne über dem Strand. Anspruchsvolle Souvenirs bietet die Künstlerin Monika Ploghöft in ihrer *Galerie Collage am Damenpfad (Charlottenstr. 25)*.

Die Fähren nach Wangerooge fahren in Harlesiel ab, der Fahrplan ist tidenabhängig *(Auskunft Tel. 04464/94 94 11)*.

Werdum (110/A 4)

Der kleine, beschauliche Erholungsort im ostfriesischen Binnenland tut viel für seine Gäste. Die 1748 gebaute Windmühle steht Besuchern tagsüber ebenso kostenlos offen wie die alte Schmiede gleich nebenan. Beim Haus des Gastes wurde ein *Haustierpark (Eintritt frei)* mit seltenen und kuriosen Tierarten angelegt, in dem exzellente Schrifttafeln Eltern aus Erklärungsnöten helfen. Zu sehen sind so eigenartige Lebewesen wie Protest- und

Wollschweine, Bronzeputen, Angoraziegen und Belgische Bartkaninchen. Kostenlose Führungen durch die 1327 gebaute Dorfkirche werden im Juli und August jeweils donnerstags um 17 Uhr angeboten. Auskunft und Zimmervermittlung: *Heimat- und Verkehrsverein, Raiffeisenplatz 1, 26427 Werdum, Tel. 04974/ 99 00 99, Fax 99 00 39*

Wittmund **(110/B 5)**
Als Wittmund (19 000 Ew.) 1978 im Rahmen einer Gebietsreform Oldenburg angegliedert werden sollte, liefen die Wittmunder Sturm gegen diesen Plan: Sie wären dann ja keine Ostfriesen mehr gewesen. Ein Gericht gab ihnen Recht, Wittmund wurde zur selbstständigen Kreisstadt und blieb somit ostfriesisch. Aufregender wurde es dadurch auch nicht. Sehenswert ist jedoch das *Heimatmuseum in der Peldemühle (Esenser Str. 14, Tel. 04462/52 79, April–Okt. Di–Sa 14–17.30, So 10 bis 12 Uhr, Eintritt 3 Mark, Kinder bis 14 Jahre frei),* der 1741 gebauten und damit ältesten Galerieholländermühle Deutschlands.

In der zweiten Mühle der Stadt, der *Siuts-Mühle* von 1885, können Sie heute stimmungsvoll und gut essen: Sie beherbergt das italienische *Restaurant Die Mühle (Auricher Str. 11, Tel. 04462/40 51, kein Ruhetag, Kategorie 3, immer am 30. März alle Gerichte zum halben Preis).*

In ganz Deutschland bekannt geworden ist Wittmund durch das *Ostfriesenabitur,* das bereits über 130 000 Urlaubsgäste abgelegt haben: eine Gaudi für Clubs und Vereine, bei der z. B. Krabbenpulen, Teetrinken, Kuhmelken und Boßeln Prüfungsfächer sind. Eine gute Idee für Kinder ab sieben: ein Besuch auf dem *Jumicar-Verkehrsübungsplatz (Barghamm 11, Gewerbegebiet Ost, Tel. 04462/234 76, Ende März–Anfang Nov. Di–So 13–18, Mitte Juni–Mitte Sept. 10–18 Uhr, 18 Mark/ ½ Std.),* wo die Kleinen mit echten Miniaturautos im Mofatempo über die Straßen fahren dürfen. 2 km südlich finden Sie den *Freizeitpark Wittmund-Isums (Tel. 04462/12 90, tgl. 10–19 Uhr, Eintritt 5,50 Mark).* Mittelpunkt des Parks, zu dem auch Tennisplätze und ein Kanuhafen gehören, ist ein Spaßbad mit Wasserrutschen.

Auskunft: *Fremdenverkehrsamt, Knochenburgstr. 11, 26409 Wittmund, Tel. 04462/98 31 25, Fax 98 32 99; von den Oster- bis zu den Herbstferien außerdem Tourist-Information, Am Markt 15, Tel. 04462/ 21 81, Fax 21 82*

DORNUM/ DORNUMERSIEL

(109/E 1–2) Dornum (4700 Ew.) ist einer der beschaulichsten und zugleich interessantesten Orte Ostfrieslands. Niedrige Häuser, meist aus schwarzroten Klinkern, säumen die verkehrsarmen Straßen; in den guten Restaurants und Kunsthandwerksläden herrscht keinerlei Hektik. Zwei von drei Burgen, die das auf einer Geestinsel inmitten der Marsch gelegene Dornum um 1400 besaß, sind einige Zeit nach ihrer Zerstörung im Jahr 1514 wieder aufgebaut worden und zieren den Ort heute ebenso wie die alte Kirche. Von besonderem Interesse sind die ehemalige Synagoge und der jüdische

Friedhof Dornums, die daran erinnern, dass es hier wie anderswo in Ostfriesland bis zur Nazizeit einen jüdischen Bevölkerungsteil gab. Dornumersiel, der Hafenort der Gemeinde, zeichnet sich durch mehrere sehr gute Restaurants und durch seine Ruhe aus.

BESICHTIGUNGEN

Beningaburg
Die Burg aus dem 17. Jh. ist heute ein Hotel; der romantische Innenhof lohnt auch dann einen Blick, wenn Sie nichts verzehren wollen. *Dornum, Beningalohne 2*

Jüdischer Friedhof
Auf dem kleinen, idyllischen Friedhof stehen und liegen noch über 30 zumeist deutsch und hebräisch beschriftete Grabsteine Dornumer Juden aus den Jahren 1721–1945. *Dornum, Marktstr., So–Fr frei zugänglich*

St.-Bartholomäus-Kirche
Die auf einer Warf gelegene Kirche aus dem späten 13. Jh. diente bei Sturmfluten als Zufluchtsort. Zu ihrer Innenausstattung gehören ein Sandsteintaufbecken aus der Zeit um 1300 und eine klangvolle, um 1710 geschaffene Orgel. *Dornum, Kirchstr., Ostern bis 15. Okt. tgl. 10–12 und 15–17 Uhr, in den Weihnachtsferien tgl. 10–12 und 14–16 Uhr*

Synagoge
Als einzige von einst zwölf ostfriesischen Synagogen hat die von Dornum die Reichspogromnacht äußerlich unversehrt überstanden, weil sie ein paar Tage zuvor an einen nichtjüdischen Dornumer Tischler verkauft worden war, der sie als Möbellager nutzen wollte. Seit 1992 dient sie als Informations- und Gedenkstätte. Zu einem Erlebnis wird der Besuch durch ihren Initiator Georg Murrah-Regner, der als Jude und waschechter Ostfriese zugleich voller Engagement und äußerst unterhaltsam versucht, Besuchern Einblicke in Geschichte und Religion der (ostfriesischen) Juden zu vermitteln. *Dornum, Kirchstr. 5, Tel.*

Regionale Küche und ein romantischer Innenhof: Hotelrestaurant Beningaburg

04933/342, Fr–So 15–18 Uhr, Eintritt frei

Wasserschloss Norderburg
Ostfrieslands größtes Wasserschloss, erbaut im Stil des Barock zwischen 1668 und 1720, dient heute als Realschule. Imposant sind das 30 m hohe Torhaus und die Weite des Schlosshofes. Der Rittersaal mit seinen Wand- und Deckenmalereien ist nur im Rahmen von Führungen zu besichtigen. *Dornum, Schlossstr., Tel. 04933/13 43, während der Schulzeit erst ab 13.15 Uhr, Führungen So 11 und Mo 16 Uhr*

MUSEEN

Heimatmuseum im Reethaus am Meer
Die Ausstellung im Obergeschoss des Hauses der Kurverwaltung zeichnet anhand von Modellen, Gemälden und Fotos die Geschichte des Doppelsielortes Dornumer- und Westeraccumersiel nach. *Dornumersiel, Hafenstr., Tel. 04933/27 13 und 918 10, nur unregelmäßig 15–17 Uhr geöffnet, Eintritt frei*

Nationalparkhaus
Gezeigt werden Lebensformen des Wattenmeeres; ein Schwerpunkt sind die Gefährdungen durch Umweltverschmutzung. *Dornumersiel, Oll Deep 7, Tel. 04933/15 65, Di–Fr 9–17, Sa/So 13–17 Uhr, Eintritt frei*

Oma-Freese-Huus
Kleine Heimatstube, u. a. mit einer komplett eingerichteten Schuhmacherwerkstatt und einer alten Küche mit offener Feuerstelle. *Dornum, Gartenstr. 1, Tel. 04933/13 43, Pfingsten–Sept. Di und Do 11–12 und 15–17, So 15–17 Uhr, Eintritt frei*

RESTAURANTS

Alte Schmiede
★ Erstklassiges Restaurant mit vielseitiger Speisekarte, auf der auch Ente, Deichlamm und saisonale Spezialitäten stehen. *Dornumersiel, Cassen-Eilts-Pad 2, Tel. 04933/17 44, im Winter Mo geschl., Kategorie 1*

Auf der Beningaburg
Sehr gute regionale Küche, serviert im Burgkeller und im Burghof. Drinnen und draußen auch je ein großer Mühlstein als Tisch, an dem die Gäste selbst über Holzkohle grillen können. *Dornum, Beningaburg, Beningalohne 2, Tel. 04933/29 11, kein Ruhetag, Kategorie 1*

Dat Fischhuus
Preiswertes Selbstbedienungsrestaurant mit großer Auswahl an Fischgerichten. *Dornumersiel, Am Alten Hafen 5, Tel. 04933/25 42, Mi-Mittag geschl., Kategorie 3*

Sielhuus
Ostfriesische Teestube in zwei Räumen in einem Haus von 1772. *Dornumersiel, Oll Deep 3, Tel. 04933/91 40 14, abends, im Winter auch Mo und Di geschl., Kategorie 3*

EINKAUFEN

Goldschmiede Matthey
Exklusiver, im Atelier selbst gearbeiteter Schmuck aus Silber, Gold und Platin mit und ohne lupenreine Brillanten; auch Eheringe. *Dornum, Kirchstr. 8, Mi-Nachmittag geschl.*

Ostfriesische Teestunde

Die Ostfriesen haben das Teetrinken zwar nicht erfunden, aber in besonderer Weise kultiviert. Bedeutender noch als die spezielle ostfriesische Mischung, bei der kräftige Assamsorten dominieren, sind die Zubereitung und die Trinkzeremonie. Die Teeblätter werden in einer dünnwandigen Porzellankanne mit kochend heißem Wasser überbrüht und müssen mindestens drei Minuten ziehen. Dann wird die Kanne auf ein Stövchen gestellt. Zunächst kommen zwei große Stücke Kandiszucker – Kluntjes genannt – in die Tasse, die herrlich knistern, wenn der heiße Tee darüber gegossen wird. Dann hebt man flüssige Sahne mit einem Löffel vorsichtig in die Tasse, rührt sie aber nicht um. Sie muss wie eine Wolke im Tee zerfließen. Der höfliche Gast trinkt mindestens drei Tassen, bevor er wieder aufsteht – und der gute Ostfriese trinkt seinen Tee nach alter Überlieferung mindestens viermal am Tag.

Handweberei Fiefschaft

Die gebürtige Münsteranerin Irene Steffens entwirft Altartücher, Tischdecken, Gardinen und andere Wohntextilien sowie Kleidung nach eigenen Ideen oder Kundenwünschen, die dann in ihrem Bauernhaus bei Dornum an einem ihrer 15 Webstühle in Handarbeit gewebt werden. *Dornum, Am Marktplatz, Mo–Fr 14.30–18, Sa 10–12.30 Uhr*

ÜBERNACHTUNG

Hotel auf der Burg

★ Zimmer mit modernem Komfort in einer alten Burg aus dem 17. Jh. *8 Zi., Dornum, Beningalohne 2, Tel. 04933/29 11, Fax 23 01, Kategorie 2*

Zum Kronprinzen

Das Hotel in einem zweigeschossigen Klinkerbau am Marktplatz ist mit wertvollen Teppichen, Bauern- und Antikmöbeln eingerichtet. Gäste, die mindestens eine Woche bleiben, werden bis zu einer Entfernung von 350 km kostenlos mit dem Auto von zu Hause abgeholt, jede zusätzlichen 100 km kosten nur 20 Mark. *13 Zi., Dornum, Kirchstr. 11, Tel. 04933/911 30, Fax 99 03 07, Kategorie 2*

SPORT UND AKTIVITÄTEN

Kanuverleih

Für Fahrten auf dem Dornumersieler Tief und dem Mahlbusen. *Dornum, Up Boers 5, Tel. 04933/26 62*

Museumseisenbahn

Zwischen Norden und Dornum verkehrt eine Museumseisenbahn (s. Norden).

Ortsführungen

Ein zweistündiger Rundgang zu den steinernen Zeugen jüdischen Lebens in Dornum wird im Juli und August an jedem Di und Do angeboten *(5 Mark, Terminauskünfte bei Horst Reichwein, Tel. 04975/295)*. Allgemeine Orts- und Schlossführungen bietet Hermann Rector an *(Pfingsten bis Okt. So 11 und Mo 16 Uhr, Tel. 04933/13 43)*.

Schwimmbad
Solarbetriebenes *Meerwasser-Freibad Doroness* in Dornumersiel mit Wassertemperaturen ab 23 Grad.

Teeseminare
Zweieinhalb Stunden alles über Tee und seine Zubereitung hören, viele Teesorten riechen und verkosten können Sie im *Teekontor Ostfriesland im Sielhuus (Do 19 Uhr, Tel. 04933/91 41 21, Gebühr 20 Mark).*

Tretbootverleih
Am Mahlbusen in Dornumersiel beim Eiscafé Seeblick.

AUSKUNFT

Kurverwaltung Dornum
Westerstr. 3, 26553 Dornum, Tel. 04933/918 80, Fax 91 88 20, www.ostfriesland.de

Kurverwaltung Dornumersiel
Hafenstr. 3, 26553 Dornumersiel, Tel. 04933/911 10, Fax 91 11 15, www.ostfriesland.de

ZIELE IN DER UMGEBUNG

Baltrum **(109/E 1)**
Auf der kleinsten der Ostfriesischen Inseln (540 Ew., 6,5 qkm klein) tragen die Straßen keine Namen – die Hausnummern werden chronologisch quer durch den Ort vergeben. Der liegt inmitten niedriger Dünen; die Häuser sind auf Dünen und in Dünentäler hineingebaut. Im Ort sind vor allem die *Alte Kirche (Haus 8, Westdorf)* aus dem Jahr 1830, die 1888 erbaute alte *Inselschule* gleich daneben und die moderne *Katholische Inselkirche (Haus 34, Westdorf)* sehenswert. Sie ist mit Reet gedeckt und mit 14 schönen bunten Glasfenstern geschmückt. Schönste Landschaft ist das 1000 m lange und bis zu 300 m breite Dünental.

Besonders gut essen können Sie im *Witthus an't Brüg (Haus 137, Westdorf, Tel. 04939/911 90, kein Ruhetag, Kategorie 2)* auf der Wattenseite nahe dem Hafen.

Abfahrtshafen für Baltrum ist Nessmersiel, der Fahrplan ist ti-

Ein Strandtag in Dornumersiel: ganz entspannt im Hier und Jetzt

denabhängig *(Auskunft Tel. 04939/913 00).*

Westeraccum **(109/E 2)**
Auf dem *Friedhof* der Dorfkirche stehen zahlreiche alte und auch neue Grabsteine mit besonders schönen Reliefs von Segelschiffen. Andere sind mit Engelsköpfen oder mit der Hand Gottes geschmückt. *Kirchstr., frei zugänglich*

EMDEN

☛ **Stadtplan in der hinteren Umschlagklappe**
(109/D 5) Emden (51 000 Ew.) ist nicht nur die bedeutendste Hafenstadt Ostfrieslands, sondern auch der wichtigste Industriestandort der Region. VW produziert hier pro Tag etwa 1200 Wagen vom Typ Passat, über 9000 Menschen sind dort beschäftigt. Vom Emder Autoverladehafen aus werden jährlich ungefähr 450 000 neue Autos in alle Welt verschifft. Auf zwei Werften werden auch große Pötte bis zu 100 000 Bruttoregistertonnen gebaut; eine Reihe von Zulieferbetrieben stellt weitere Arbeitsplätze zur Verfügung. Trotzdem ist Emden keine hässliche oder gar schmutzige Industriestadt. Obwohl im Zweiten Weltkrieg durch Bombenangriffe zu 80 Prozent zerstört, besitzt die Innenstadt zu beiden Seiten des alten, Ratsdelft genannten Hafens viel Flair. Langeweile kommt hier auch abends nicht auf.

BESICHTIGUNGEN

Museumsschiffe
★ Im Ratsdelft liegen drei alte Schiffe, die besichtigt werden können: der hölzerne Segellogger AE7 Stadt Emden, der zum Heringsfang in der Nordsee eingesetzt wurde, der Seenotrettungskreuzer Georg Breusing, der von 1963 bis 1988 auf Borkum stationiert war, und das Feuerschiff Deutsche Bucht, das 1918 in Dienst gestellt wurde. *Ratsdelft, Tel. 04921/232 85, April–Okt. Mo–Fr 10.30–13 und 14–17, Sa/So 11–13 Uhr, Einzeleintritt je Schiff 3 Mark, Sammelticket für alle drei Schiffe 6 Mark*

VW-Werk
Emdens wichtigster Industriebetrieb. *Werksbesichtigung gratis nach telefonischer Anmeldung Mo–Do 9.30 und 13.30 Uhr, Tel. 04921/86 23 90, Fax 86 37 56*

MUSEEN

Bunkermuseum
In einem Bunker aus dem Zweiten Weltkrieg wird auf mehreren Etagen die Geschichte Emdens zwischen 1933 und den frühen Fünfzigerjahren gezeigt. *Holzsägerstr., Tel. 04921/322 25, Mai bis Okt. Di–Fr 10–13 und 15–17, Sa/So 11–13 Uhr, Eintritt 3 Mark, Schüler 1 Mark*

Kunsthalle
★ 1986 stiftete der aus Emden stammende »Stern«-Herausgeber Henri Nannen das Haus und seine bedeutende Sammlung von Werken der klassischen Moderne, insbesondere von deutschen Expressionisten, seiner Heimatstadt. Zudem finden hier wechselnde Sonderausstellungen von überregionalem Rang statt. *Hinter dem Rahmen 13, Tel. 04921/97 50 50, Di 10–20, Mi–Fr 10–17, Sa/So 11–17 Uhr, während der Vorbereitung von Sonderausstellungen geschl., Eintritt 9 Mark, Ju-*

gendliche 5 Mark, Schüler bis 16 Jahre 1 Mark

Ostfriesisches Landesmuseum mit der Emder Rüstkammer
Im Kassenraum im ersten Stock gibt ein Modell Einblick in die ehemalige Emder Synagoge von 1836, die 1938 von den Nazis in Brand gesteckt wurde. In der ersten und zweiten Etage sind Schiffsmodelle, Gemälde und Dokumente zur ostfriesischen Geschichte sowie Zeugnisse mittelalterlicher Kunst zu sehen; in der zweiten Etage finden Sie eine etwa 2000 Jahre alte Moorleiche. Besonders schön sind sieben farbige Glasfenster aus dem Rathaus des 16. Jhs. Von der Eleganz einstiger ostfriesischer Teezeremonien künden silberne Sahnelöffel und Kluntjeszangen. Eine der größten deutschen Sammlungen von Ritterrüstungen und spätmittelalterlichen Waffen präsentiert die Rüstkammer im dritten Stock. Von dort aus können Sie abschließend den Rathausturm besteigen, der einen weiten Blick über Emden und Umgebung gewährt. *Neutorstr., Tel. 04921/87 20 57, April bis Sept. tgl. 10–17, Okt.–März Di–So 11–16 Uhr, Eintritt 6 Mark*

Dat Otto Huus
Ein Ottifant ziert das Haus im Herzen Emdens, in dem der in dieser Stadt geborene Blödelbarde Otto Waalkes außer weiteren Ottifanten auch zahlreiche andere Objekte, Fotos aus seinen Filmen und seiner Jugendzeit präsentiert. Ein Laden voller Ottifanten ist natürlich auch dabei. *Große Str. 1, Tel. 04921/221 21, Mo–Fr 9.30–18, Sa 9.30–13 (am ersten Sa im Monat bis 16) Uhr, April bis Okt. auch So 10–16 Uhr, Jan. bis März Mittagspause 13–15 Uhr, Eintritt 4 Mark, Kinder (2–12 Jahre) 1,50 Mark*

Kein Ostfriesenwitz: Dat Otto Huus in Emden – ein »Blödelmuseum«

RESTAURANTS

Grand Café am Stadtgarten
Café auf zwei Etagen mit Terrasse und Balkon, das auch preiswerte Pfannkuchen, Burger, Salate und Baguettes serviert. *Am Stadtgarten 7–13, Tel. 04921/ 288 11, kein Ruhetag, Kategorie 3*

Nautilus
Holländisches Restaurant im Laderaum eines 1912 erbauten, 48 m langen Frachtenseglers. *Am alten Binnenhafen, Tel. 04921/ 350 69, Mo und Jan.–Osterferien geschl., Kategorie 2–3*

Nordseewelle
Fischgeschäft mit angeschlossenem Imbiss, Plätze drinnen und draußen, die meisten Gerichte unter 10 Mark. *Zwischen beiden Märkten 1, Tel. 04921/290 60, abends und So geschl., Kategorie 3*

Pelzerhaus
Gepflegtes Restaurant im Erdgeschoss und ersten Stock eines Hauses aus dem 16. Jh., eingerichtet mit typisch Emder Mobiliar. *Pelzerstr. 12, Tel. 04921/ 253 35, So-Abend und Sa geschl., Kategorie 2*

EINKAUFEN

Emder Kunst-Laden
Verschiedenartiges Kunsthandwerk aus Ostfriesland, dazu Kulinaria und Bücher bietet der Laden im Ostfriesischen Landesmuseum zu fairen Preisen. *Neutorstr., Öffnungszeiten wie Museum*

ÜBERNACHTUNG

Haus George
Ruhig in der Fußgängerzone im Herzen der Stadt gelegen; beim Frühstücksbuffet Wurst aus eigener Schlachterei. *12 Zi., Zwischen beiden Sielen 30–32, Tel. 04921/ 201 59, Fax 207 03, Kategorie 2*

Parkhotel Upstaalsboom
Komfortables Haus am Rande des Stadtzentrums; das teuerste der Stadt. *89 Zi., Friedrich-Ebert-Str. 73–75, Tel. 04921/82 80, Fax 82 85 99, Kategorie 1*

Rathaus-Stübchen
Einfaches Gasthaus mit Fahrradkeller und Trockenraum an einer Fußgängerstraße nur eine Minute vom alten Hafen entfernt. *4 Zi., Brückstr. 5, Tel. 04921/ 331 22, Fax 221 50, Kategorie 2*

SPORT UND AKTIVITÄTEN

Grachtenfahrten
Fahrt über die kleinen Wasserläufe der Stadt vom Anleger Kunsthalle/Hahnsche Insel aus. *April–Okt. Mo–Sa 11 und 15, So 12 und 15 Uhr, 6 Mark*

Hafenrundfahrten
Fahrt in den Emder Außenhafen und zur Autoverladeanlage. *Osterferien–Anfang Nov. mehrmals tgl. ab Delfttreppe, Tel. 04921/ 89 07 22, 9 Mark*

Kanalfahrt
Dreistündige Fahrt auf dem Ems-Jade-Kanal, Rückfahrt per Bus möglich. Für Geburtstagskinder kostenlos! *Ende Juni–Anfang Sept. einmal wöchentlich, Tel. 04921/974 00*

Stadtführungen
April–Okt. Sa 11 Uhr, Treffpunkt Verkehrsverein, Gebühr 5 Mark

AM ABEND

Zentrum des Nachtlebens ist der in der Innenstadt nahe dem alten Hafen gelegene *Neue Markt* mit zahlreichen Kneipen, Restaurants und Diskos.

Fun und Lollipop
Ersteres eine Disko, Zweiteres ein Tanzcafé auch für etwas Ältere, in Bahnhofsnähe an der Straße nach Rysum. *Ubierstr. 2a, Do 21–2, Fr/Sa 21 bis 5 Uhr*

Madison
Disko im Stadtzentrum mit DJs aus ganz Norddeutschland. *Neuer Markt 20, Do 22–3, Fr/Sa 22–5 Uhr*

AUSKUNFT

Verkehrsverein
Postfach 2310, Infopavillon am Stadtgarten, 26703 Emden, Tel.

04921/97400, Fax 97409, www.emden.de

ZIELE IN DER UMGEBUNG

Borkum **(108/A 2)**
Borkum liegt weiter vom Festland entfernt als alle anderen Ostfriesischen Inseln und rühmt sich eines echten Hochseeklimas. Vom Hafen fahren Linienbusse, Taxis und die historische Inselbahn ins Zentrum des Inselstädtchens, das nur teilweise autofrei ist. In der Stadt Borkum leben fast alle der 5920 Insulaner, stehen die meisten der mehr als 18000 Gästebetten. Vor allem die Bismarck- und die Franz-Habich-Straße laden zum Einkaufs- und Kneipenbummel ein. Romantiker zieht es eher in den Weiler Ostland, in dem die letzten beiden Inselbauern ihre Höfe haben und zwei Cafés auf Gäste warten. Bis hierher fährt auch der Linienbus. Fahrräder für Radtouren kann man direkt im Inselbahnhof ausleihen.

Besonders sehenswert sind im Inselstädtchen das *Schifffahrtsmuseum (tgl. 10–12 und 15–18 Uhr, Eintritt 5 Mark)* in der Kurhalle an der Strandpromenade, der 60 m hohe *Neue Leuchtturm (Strandstr., April–Okt. tgl. 10–11.30 und 15–17.30 Uhr, Nov.–März Di, Fr, So 15–16.30 Uhr, Eintritt 3 Mark)* und der schon 1576 erbaute *Alte Leuchtturm (Kirchstr., Mo, Mi, Sa 10.30–11.30, Juli–Sept. auch Fr, Eintritt 3 Mark).* Vom Alten Leuchtturm sind es nur wenige Schritte zum *Walzaun (Wilhelm-Bakker-Str. 3)* aus teilweise 2 m hohen Kinnladen von Walen, den ein Walfänger von der Insel im 18. Jh. errichten ließ. Das nahe *Heimatmuseum Dykhuus (Roelof-Gerritz-Meyer-Str., April bis Okt. Di–So 10–12 und 16–18 Uhr, Nov.–März Di und Sa 15–18 Uhr, Eintritt 6 Mark)* sollte man auf jeden Fall besichtigen.

Gut essen können Sie in den *Delfter Stuben (Bismarckstr. 6, Tel. 04922/2011, kein Ruhetag, Kategorie 1);* preiswert und gut ist der *Metzger-Grill Wilhelm Rau (Neue Str. 30, Mo–Sa 11–21 Uhr, Kategorie 3).*

Borkum erreichen Sie per Autofähre oder Katamaran von Emden aus, der Verkehr ist tidenunabhängig *(Auskunft Tel. 04921/890721, www.ag-ems.de).*

Leer **(109/E 6)**
Die Hafenstadt (33000 Ew.), die sich selbst als »Tor Ostfrieslands« bezeichnet, liegt am Zusammenfluss von Leda und Ems. Ihre große Altstadt gehört zu den schönsten Niedersachsens. Auffällig ist das große Angebot an originellen, kleinen Geschäften, Cafés und Restaurants. Wer mit dem Auto kommt, folgt am besten den Wegweisern »Altstadt/Rathaus« und parkt auf dem gebührenfreien Großparkplatz P9. Von hier sind es nur zwei Gehminuten bis zum Alten Hafen. Dort steht mit der barocken *Stadtwaage* von 1714 das schönste Einzelgebäude Leers. Vorbei am markanten, erst 1894 erbauten *Rathaus* gelangen Sie zum *Samson-Haus (Rathausstr. 18)* aus dem Jahr 1643. Die Weinhandlung Wolff im Erdgeschoss, ausgezeichnet als eine der 400 besten Deutschlands, destilliert auch ostfriesische Spirituosenspezialitäten, die Sie im Laden erstehen können. In den beiden darüber liegenden Geschossen, die früher als Speicherböden ge-

nutzt wurden, hat die Familie ein hübsches *Museum ostfriesischer Wohnkultur (Mo–Fr 9–13 und 15–18 Uhr, Eintritt frei)* eingerichtet. Der Besuch wird der privaten Atmosphäre wegen zum besonderen Erlebnis.

Auskunft: *Touristik GmbH Südliches Ostfriesland, Bergmannstr. 27, 26789 Leer, Tel. 0491/666 40, Fax 28 60, www.leer.de; Tourist-Information im Verkehrsbüro Leer, Rathausneubau, Rathausstr. 1*

ESENS

(**109/F 2**) Esens im Harlinger Land ist mit 7000 Einwohnern die kleinste der sieben ostfriesischen Festlandsstädte. Altes und Neues gehen hier eine harmonische Verbindung miteinander ein; die vielen Sehenswürdigkeiten und Museen sind attraktiv genug für einen mindestens halbtägigen Ausflug. Bensersiel ist der zu Esens gehörige Hafen- und Badeort. Er präsentiert sich modern und übersichtlich, ist aber ohne besonderes Flair.

BESICHTIGUNGEN

Bärenskulptur

Die Bronzeskulptur in der Nordwestecke des Kirchplatzes von Esens ist besonders bei Kindern beliebt. Der fast lebensgroße Tanzbär, den man auch im Stadtwappen wieder findet, war während einer Belagerung von Esens seinem Führer entkommen und auf den Kirchturm gestiegen. Als die Belagerer ihn sahen, zogen sie entmutigt ab: Eine belagerte Stadt, die anscheinend noch einen Bären durchfüttern konnte,war wohl nicht so schnell zu bezwingen.

Warten auf die Wellen: Meerwasserbad Bensersiel

Rathaus

Der klassizistische Bau aus dem 18. Jh., ursprünglich ein Witwenstift für vornehme Damen, birgt kostbare Tapisserien mit phantastischen Natur- und Stadtlandschaften, rührend naiven Tierdarstellungen und der Darstellung eines pastoralen Schäferstündchens. *Am Markt, Besichtigung nur im Rahmen der Führungen durch die St.-Magnus-Kirche, März bis Okt. Do 15 Uhr*

St.-Magnus-Kirche

Der weithin sichtbare Bau im Ortszentrum ist mit 1700 Plätzen die größte Kirche Ostfrieslands. Das heutige Gotteshaus wurde zwar erst 1850 geweiht, verwahrt aber mehrere Kunstwerke aus älteren Vorgängerkirchen. Besonders schön ist der 1714 entstandene Altar, den ein hoher, geschnitzter Weinstock als Symbol des ewigen Lebens ziert – in Anspielung auf die Worte im Johannesevangelium (»Ich bin der Weinstock, ihr seyd die Reben«). *Kirchplatz, Kirche*

März–Okt. tgl. 10–11.30 und 14.30–16 Uhr, Kirchenführung Do 15 Uhr, Turmmuseum April–Okt. tgl. 11–12 Uhr, in den Sommerferien auch Di und Do 15–17 Uhr, Spende erbeten

MUSEEN

August-Gottschalk-Haus
Das kleine Museum erinnert an die Geschichte der Juden der Stadt. Zu Beginn der Nazizeit lebten noch 85 in Esens, die Hälfte von ihnen kam in den Vernichtungslagern der Faschisten um. *Burgstr. 8, Tel. 04971/23 06, April–Okt. Di, Do, So 14–17 Uhr, Eintritt frei*

Bernsteinmuseum
Bernsteinexperte Siegfried von Esmarch, der selbst Schmuck aus Bernstein herstellt, präsentiert auf zwei Etagen edle Stücke, informiert aber auch über Entstehung, Gewinnung und Bearbeitung von Bernstein. *Herdestr. 14, Tel. 04971/22 78, Mo–Fr 9–18 Uhr, Eintritt 3 Mark, keine Kinderermäßigung*

Holarium
Mehr als 300 Hologramme zum Anschauen und allerlei Hologramme zum Kaufen. *Kirchplatz 2, Tel. 04971/43 92, Mitte März–Okt. tgl. 10–12 und 14 bis 18 Uhr, Eintritt 4,50 Mark*

Lehmann's Museum
Der Textilrestaurator Detlef Lehmann, der auch die Tapisserien im Ahnensaal des Rathauses restaurierte, zeigt seine private Sammlung von Kunstobjekten und Kuriositäten aus aller Welt, darunter z.B. ein 70 Millionen Jahre altes Dinosaurierei aus China. *Westerstr. 13, Tel. 04971/44 33, Di–So 14–17 Uhr, während der Sommerferien tgl. 10–17 Uhr, Eintritt 3 Mark, Kinder (6–8 Jahre) 1 Mark*

Museum Leben am Meer
In der 150 Jahre alten Peldemühle wird die Siedlungsgeschichte Esens' und des Harlingerlandes dokumentiert. Spektakulärstes Objekt ist ein im Watt gefundenes Frauenskelett, von den Einheimischen liebevoll Bensi getauft. Besondere Attraktionen sind außerdem eine historische Uhrmacherwerkstatt und ein Fliesenzimmer mit über 1000 alten Kacheln. *Walpurgisstr., Tel. 04971/52 32, Ende März–Okt. Di–So 10–12 und 14–17 Uhr, Führungen Mi 15 Uhr, Eintritt 3,50 Mark, Jugendliche (15–18 Jahre) 2,50 Mark*

RESTAURANTS

Bi d'Kark
Café und Restaurant in einem futuristischen Glasbau; auf der Karte auch Pizzen und Eintöpfe. *Kirchplatz 6, Tel. 04971/56 58, kein Ruhetag, Kategorie 3*

Stadtschkür
In dem liebevoll eingerichteten, 1851 als städtischer Viehstall erbauten, scheunenartigen Gebäude wird Tee nicht nur serviert, sondern auch erklärt. *Stadtschkür-Pad, beim Rathaus, im Sommer tgl. 11–20 Uhr, im Winter Mi–Mo 14–18 Uhr, Tel. 04971/23 14, Kategorie 2*

Waterkant
Das Café und Restaurant in Bensersiel mit Aussichtsterrasse am Sieltor serviert gute Ome-

letts, Nudelgerichte und Kartoffelaufläufe sowie hausgemachte Suppen. *Am Hafen 4, Bensersiel, Tel. 04971/78 73, Di-Mittag geschl., Kategorie 2*

EINKAUFEN

Enno von Felde Schmuckdesign
Ladenatelier für sehr individuellen Schmuck aus Silber, Gold und Platin. *Steinstr. 28*

Ostfriesisches Teehaus
Große Auswahl verschiedener Teesorten, Teeporzellan und Zubehör. *Steinstr. 16*

ÜBERNACHTUNG

Aquantis
Moderne Ferienwohnungen für bis zu sechs Personen in einem fünfstöckigen Haus mit Hallenbad, Sauna, Kegelbahn und eigener Kurmittelabteilung in Strandnähe. *95 Apartments, Taddigshörn 200, Bensersiel, Tel. 04971/20 21 50, Fax 20 28 00, Kategorie 1–2*

Krögers
Modernes Hotel mit vier Kegelbahnen (für Hotelgäste kostenlos) und Fitnessclub. *35 Zi., Bahnhofstr. 18, Tel. 04971/30 65, Fax 42 65, Kategorie 1*

SPORT UND AKTIVITÄTEN

Centralkino
Westerstr., Tel. 04941/36 40

Hallenbad Sonneninsel Südseespaß
Freizeitbad in Bensersiel mit diversen Saunen. *Schulstr./Seestr., Bensersiel, Tel. 04941/91 61 41, zweite Januarhälfte geschl.*

Meerwasser-Wellenfreibad
Am Strand in Bensersiel. *Okt. bis April geschl., Tel. 04941/91 71 41*

AM ABEND

Captain's
Tanzlokal am Meer. *Am Strand 3, Bensersiel, tgl. 20–2 Uhr*

Whisky à Gogo
Diskothek. *Herrenwall 2, Fr und Sa ab 21 Uhr, bis 23 Uhr freier Eintritt*

AUSKUNFT

Kurverwaltung Esens-Bensersiel
Kirchplatz, 26427 Esens, Tel. 04971/91 50, Fax 49 88, www.nordsee-urlaub.de/esens

ZIEL IN DER UMGEBUNG

Langeoog **(109/F 1)**
Langeoog (2080 Ew.) zeichnet sich durch eine abwechslungsreiche Busch- und Waldlandschaft aus. Für die Fahrt vom Hafen ins Inselstädtchen braucht die farbenfrohe Inselbahn nur sechs Minuten; Fahrräder können gleich gegenüber vom Bahnhof gemietet werden. Auffällig breit ist auf Langeoog der Dünengürtel zwischen Dorf und Badestrand, über den sich die 1500 m lange Höhenpromenade als reiner Fußgängerweg zieht. Die höchste aller Dünen ist die über 21 m hohe Melkhörndüne – für ostfriesische Verhältnisse ein wahrer Aussichtsberg! Besonders sehenswert ist der Dünenfriedhof mit dem Grab der Sängerin Lale Andersen (»Lili Marlen«), deren Wahlheimat die Insel war. Das *Schifffahrtsmuseum (Mo–Sa 10–12, Mo–Fr auch 14–16 Uhr, Eintritt 3 Mark)* im Haus der Insel

Langeoog dürfte mit Recht auch den Namen »Langestrand« führen

mit kleinem Aquarium präsentiert u. a. zahlreiche Schiffsmodelle, Buddelschiffe und eine Sammlung künstlerisch gravierter Walzähne. Die *Evangelische Kirche (Kirchstr., tagsüber geöffnet)* schmückt ein surrealistisches Altarbild von Hermann Buß. Schön ist die 2 km lange Wanderung durch das 300 m breite Pirolatal zwischen den Dünen. Ziel einer Radwanderung könnte die *Meierei (Mi–Mo 10.30–17.30 Uhr, Kategorie 3)* sein, ein Ausflugslokal im Inselosten. Gut essen können Sie im *Sonnenhof (Gerk-sin-Spoor 6, Tel. 04972/ 713, Mi geschl., Kategorie 2)*, dem ehemaligen Wohnhaus Lale Andersens. Die Schiffe nach Langeoog sind nicht tidenabhängig; sie fahren ab Bensersiel *(Auskunft Tel. 04971/25 01)*.

GREETSIEL

(**108/C 3**) Das über 600 Jahre alte Greetsiel (1500 Ew.), Hauptort der Landschaft Krummhörn mit 19 Dörfern, ist die Perle unter den ostfriesischen Sielhafenorten. Mit 27 hier beheimateten Krabbenkuttern ist das Städtchen sehr geschäftig; zugleich sorgen historische Häuserzeilen aus dem 17. und 18. Jh., mit Ziegelsteinen gepflasterte, fast autofreie Straßen, interessante Läden und niveauvolle Restaurants aber auch für romantische Urlaubsatmosphäre. Auf den Wasserläufen, die ins Hinterland führen, können Sie Tretboot und Kanu fahren.

BESICHTIGUNG

Zwillingsmühlen
Zwei zweistöckige Galerieholländer aus dem 18. und 19. Jh., die eine rot, die andere grün, stehen am grünen Ufer des Neuen Greetsieler Tiefs. Die eine wird heute als *Teestube* genutzt *(tgl. 13–18 Uhr)*, die andere als *Museumsmühle (Ostern–Okt. Mo bis Sa 8–18, im Winter bis 16.30, So 8–12 Uhr, einstündige Führungen Mi und Sa 14 Uhr, Gebühr 5 Mark)*.

MUSEEN

Buddelschiffmuseum
Über 600 Buddelschiffe aus aller Welt. *Mühlenstr. 23, kein Tel., Feb.–Dez. tgl. 10–17 (Hauptsaison*

bis 18) Uhr, Eintritt 5 Mark, Kinder 1,50 Mark

Poppinga's Alte Bäckerei
Bäckereimuseum, Teestube und Kunstgalerie am Hafen. *Sielstr. 21, Tel. 04926/13 93, Ostern–Okt. tgl. 11–19 Uhr, Nov.–Ostern nur Sa/So, Eintritt frei*

RESTAURANTS

Sielgatt
Durchgehend geöffnetes Restaurant mit vielen Tischen auf dem Marktplatz. Umfangreiche Speisekarte mit Deichlamm und vielen Matjesvariationen, darunter auch Matjessuppe. *Am Markt 4–6, Tel. 04926/369, kein Ruhetag, Kategorie 2*

Witthus
★ Eins der besten Restaurants Ostfrieslands. Von Aalrauchmatjes und mit Aquavitcreme verfeinerter Krabbensuppe bis zu Lamm- und Entenfilets auf Thymian-Steinpilz-Sauce reicht das Angebot. Jeden Mittag gibt es ein relativ preiswertes Stammessen zum Sattessen, jeden Monat eine wechselnde Saisonkarte: im Mai z. B. mit Schollen, im November mit Grünkohl und im Dezember mit Wild. Fritteusen sind aus der Küche verbannt, nur frische Produkte werden verwendet. *Kattrepel 7–9, Tel. 04926/920 00, Do geschl., Kategorie 1*

EINKAUFEN

Atelier B. Meyer-T.
Ostfriesische Landschaften, modern gemalt. Der Maler bietet auch dreitägige Malkurse an. *Hohe Str. 3, Tel. 04926/91 20 69, Mi–So 15–18 Uhr*

Cicero
Kunstdrucke, Grafik und Kunsthandwerk, originell und doch erschwinglich. *Mühlenstr. 12, Mo–Sa 11–13 und 14.30–18, So 14.30–18 Uhr*

Kunst & Antiquitäten Korth
Von Porzellan und Gläsern bis hin zu Fischermöbeln. *Mühlenstr.*

27 Kutter machen Greetsiel zu Ostfrieslands Krabbenkapitale

14, Mo/Mi/Do/Fr 14.30–18, Sa 11–13 und 14.40–17, So 14.30 bis 17 Uhr

Skipswinkel
Maritimes, vom Fischernetz bis zu Seekarten. *Am Hafen 1*

ÜBERNACHTUNG

Altes Greetsieler Fischerhaus
Drei Ferienwohnungen am Neuen Sieltief in einem alten Haus mit Garten, 100 m vom Hafen entfernt. *Pilsumer Weg 20, Tel. 04926/920 10, Fax 16 11, Kategorie 3*

Zum Alten Siel
Zentral am Markt und Hafen gelegen. *8 Zi., Am Markt 1, Tel. 04926/339, Fax 23 78, Kategorie 2–3*

Hohes Haus
Hotel in historischen Gemäuern nahe dem Hafen. *33 Zi., Hohe Str. 1, Tel. 04926/18 10, Fax 181 99, Kategorie 1*

SPORT UND AKTIVITÄTEN

Bootsverleih
Kanus, Kajaks, Tret- und Ruderboote. *Bootsverleih Lucia Dreesen, Pilsumer Weg, Tel. 04923/409*

Kanalfahrten
Etwa einstündige Fahrten über Tiefs und Kanäle der Krummhörn mit qualifizierten Erklärungen; rollstuhlgeeignet. *Ostern bis Okt. tgl. 11.30, 13.30, 14.30 und 16 Uhr ab Zwillingsmühle, Tel. 04926/763*

Malkurse
Dreitägige Malkurse am Vormittag bietet *Ullas Malgarten.* Beginn ist jeweils montags und donnerstags zwischen April und Oktober. *Anmeldung und Auskunft über die Touristik GmbH, Kursgebühr inkl. Material 120 Mark*

Naturkundliche Wanderungen
Mitarbeiter des Nationalparkhauses führen durch das Naturschutzgebiet Leyhörn, durchs Watt, über die Salzwiesen und zur Vogelbeobachtung. *Mo 15 und Do 10.30 Uhr, Tel. 04926/20 41*

Schwimmbad
Hallenbad *Gesundheitsoase Greetsiel* mit 30 Grad warmem Wasser, Sauna und römischem Dampfbad. *Zur Hauener Hooge 11, Tel. 04926/99 00 66*

AM ABEND

Hafenkieker
Urige Kneipe direkt am Kutterhafen, in der die Fischer ihren Stammtisch haben. 24 Plätze auf der Terrasse, 45 drinnen. *Am Hafen 1, kein Ruhetag*

AUSKUNFT

Touristik GmbH Krummhörn-Greetsiel
Zur Hauener Hooge 15, 26736 Greetsiel, Tel. 04926/918 80, Fax 20 29, www.greetsiel.de

ZIELE IN DER UMGEBUNG

Campen **(108/C 4)**
Unmittelbar an der Landstraße, die Campen streift, illustriert das *Ostfriesische Landwirtschaftsmuseum (Tel. 04927/12 82, Mitte Mai bis Mitte Okt. Di–Fr 10–13 und 14 bis 17 Uhr, Sa/So 14–17 Uhr, Eintritt 4 Mark)* mit etwa 500 alten Gerä-

ten die Landwirtschaftstechnik der Dreißiger- bis Fünfzigerjahre. Am Museum zweigt eine Stichstraße zum *Campener Leuchtturm* von 1892 ab, in dem 320 Stufen zu einer Aussichtsplattform hinaufführen *(Ostern bis Okt. Di–Fr 14–16, So 10–12 und 14–16 Uhr, Eintritt 3 Mark, Kinder bis 10 Jahre 2 Mark).*

Eilsum **(108/C 4, 109/D 4)**
Eilsum ist eins der ältesten Warfendörfer an der ostfriesischen Küste. Beredtes Zeugnis von vergangener Bedeutung legt die mächtige *Dorfkirche* aus der Mitte des 13. Jhs. ab, in der man in den Sechzigerjahren Wandmalereien aus der Zeit um 1240 freilegte. Seitdem sind sie stark verblichen, werden jetzt aber konserviert. Noch immer großartig ist die Darstellung in der Apsis. Sie zeigt Christus in einer Mandorla, einem mandelförmigen Heiligenschein, mit den Symbolen der vier Evangelisten zwischen Maria, Johannes dem Täufer, einem unbestimmbaren Heiligen und einem Bischof. Auch die zwölf Apostel sind in einem Bildstreifen zu erkennen. Ebenfalls bemerkenswert ist die bronzene Taufe von 1472. *Während der Sommerferien tagsüber meist geöffnet, sonst Adresse des Schlüsselverwahrers an der Kirchentür*

Pewsum **(108/C 4)**
Pewsum hat anders als die meisten Dörfer der Krummhörn nur wenig Flair. Sehenswert ist aber die *Manningaburg* im Ortszentrum, eine überwiegend gelb getünchte, winzige Wasserburg aus dem 15. Jh. Heute ist darin ein *Burgmuseum* untergebracht *(Tel. 04923/71 06, Mitte Mai–Mitte Okt. Di/Do 10–12.30 und 15–17, Sa/So 15.30–17.30 Uhr, Eintritt 2 Mark).* Weiterhin wartet Pewsum mit einem *Mühlenmuseum (gleiche Öffnungszeiten wie Burgmuseum, Eintritt 2 Mark)* und der *Nikolaikirche* aus dem 13./15. Jh. auf.

Pilsum **(108/C 3)**
Der schiefe Vierungsturm der *Kreuzkirche (Führungen Di und Do 11 Uhr)* des idyllischen Warfendorfes ist weithin zu sehen. Die Reste feiner figürlicher und ornamentaler Wandmalereien im Gewölbe des Gotteshauses können Besucher allerdings meist nur durch eine Glastür betrachten. Nur von außen zu besichtigen ist der rotgelbe Pilsumer *Leuchtturm* am Deich, der durch Otto Waalkes' ersten Film bundesweit bekannt wurde.

Rysum **(108/C 4–5)**
★ Das schönste Warfendorf der Krummhörn träumt noch immer abseits des Massentourismus vor sich hin. Es gibt zwei Gasthäuser, aber weder Kunsthandwerkerateliers noch Souvenirgeschäfte. Stille liegt in den schmalen Gassen. Dass Rysum ein kreisrundes Dorf ist, erkennt man außer vom Flugzeug aus nur, wenn man es auf der Äußeren Ringstraße umrundet, die am Wegweiser zum Parkplatz und zum Landgasthaus Rysumer Plaats beginnt. Im Dorf stehen eine 1989 wieder aufgebaute *Windmühle (Schlüssel im Mühlenhaus nebenan)* mit intaktem Mahlwerk und eine *Kirche* aus dem 15. Jh., deren Orgel von 1457 als älteste noch bespielbare Orgel der Welt gilt *(nur gelegentlich Gottesdienste, Auskunft bei der Küsterin, Tel. 04923/15 19).* Das älteste

Haus im Ort *(Emsstr. 7, keine Innenbesichtigung)* ist ein einstöckiges Arbeiterhaus von 1766.

NORDEN UND NORDDEICH

(**109/D 2**) Norden (26 000 Ew.) ist zwar Ostfrieslands älteste Stadt, aber keineswegs die schönste. Als Ausflugsziel ist sie wegen ihrer Museen und historischen Bauten aber durchaus einen Besuch wert. Das zu Norden gehörende Norddeich ist der geschäftigste Fährhafen Ostfrieslands, als Urlaubsort jedoch eher langweilig. Neubauten prägen das Bild, darunter viele Kurkliniken.

BESICHTIGUNGEN

Deichmühle
Der vierstöckige Galerieholländer aus dem Jahr 1900 ist 28 m hoch; die mächtigen Flügel haben einen Durchmesser von fast 23 m. *Norden, Bahnhofsstr. 1, Tel. 04931/123 39, während der Sommerferien Mo–Fr 10–12 und 15–17 Uhr, Eintritt 4 Mark, Jugendliche 2 Mark, Kinder 0,50 Mark*

St.-Ludgeri-Kirche
Ostfrieslands größte mittelalterliche Kirche besteht aus einem romanischen Langhaus aus dem 13. Jh. und einem hoch aufragenden gotischen Chor aus dem 15. Jh. Verwirrend ist die Vielzahl später eingebauter hölzerner Emporen, ein akustischer Genuss der Klang der restaurierten Arp-Schnitger-Orgel aus dem 17. Jh. *Norden, Am Markt, Mo–Sa 10–12.30, Di–Fr auch 15–17 Uhr, Führungen Di und Do 16 Uhr, Gottesdienst So 10 Uhr*

Schöninghsches Haus
Schönstes Haus der Stadt ist das 1576 im Stil der Renaissance errichtete, vierstöckige Patrizierhaus mit seinem reich geschmückten Staffelgiebel. *Norden, Osterstr. 5*

Seehundaufzucht- und -forschungsstation im Nationalparkhaus
★ Jedes Jahr werden hier zwischen 25 und 50 mutterlos aufgefundene Seehundbabys oder kranke Seehunde so lange gepflegt, bis sie wieder ausgewildert werden können. Wenn nötig, versorgt man hier aber auch verletzte Delphine und Kleinwale. Besucher können die Tiere durch Glasscheiben aus nächster Nähe beobachten und zwei- bis dreimal täglich bei den Fütterungen zusehen. Interessant ist auch das Nationalparkhaus selbst mit seiner großen Sammlung ausgestopfter Vögel. *Norddeich, Dörper Weg 22, Tel. 04931/89 19, tgl. 10–17 Uhr, Eintritt 3 Mark*

Westgaster Mühle
Der dreistöckige Galerieholländer aus dem Jahr 1863 ist noch voll funktionstüchtig; von Juni bis September wird hier jeden Donnerstag von 15 bis 18 Uhr Korn gemahlen. Angegliedert sind eine Teestube und ein Landladen. *Norden, Alleestr. 65, tgl. 9.30–12.30 und 15–18 Uhr, Eintritt frei*

MUSEEN

Evers Schiffsmodelle
Zu sehen sind detailgetreue Modelle vieler Krabbenkutter und anderer Schiffe sowie mehrere

Buddelschiffe. Einige können auch gekauft werden. *Norddeich, Backersweg 2, Tel. 04931/87 50, 15. Mai–15. Okt. Mo–Fr 14.30–18 Uhr, Eintritt 2,50 Mark*

Muschel- und Schneckenmuseum in der Frisia-Mühle

Das Museum im zweiten Stock der Mühle zeigt 800 verschiedene Muscheln und Schnecken aus aller Welt, darunter eine australische Mördermuschel, die bis zu 1,50 m groß und 500 kg schwer werden kann. *Norden, In der Gnurre 40, Tel. 04931/126 15, Oster- bis Herbstferien Di–Fr 14.30–18 Uhr, Eintritt 2,50 Mark*

Norder Heimatmuseum und Ostfriesisches Teemuseum

★ Gleich zwei interessante Museen sind im historischen Rathaus der Stadt aus der Mitte des 16. Jhs. untergebracht. Das Heimatmuseum illustriert Handel, Handwerk und Norder Wohnkultur im 18. und 19. Jh. Im Teemuseum dreht sich alles um das Nationalgetränk der Ostfriesen vom Anbau in fernen Ländern über den ostfriesischen Teehandel bis hin zu Teegeschirr und -gerätschaften. Jeden Mittwoch können Besucher zudem an einer ostfriesischen Teezeremonie teilnehmen. *Norden, Am Markt 36, Tel. 04931/121 00, März–Okt. Di–So 10–16 Uhr, Eintritt 5 Mark, Kinder 1,50 Mark; Teezeremonie Mi 10 und 11 Uhr, Gebühr 1 Mark*

RESTAURANTS

Krabbenkutter

Fischgeschäft mit Stehimbiss, frische Krabben aus eigenem Fang. *Norddeich, Muschelweg 3, tgl. 9–18.30 Uhr, Kategorie 3*

Blätter, die die Welt bedeuten: Im Teemuseum Norden huldigt Ostfriesland seinem Nationalgetränk

Norddeich

Angesichts des eher dürftigen kulinarischen Angebots in Norddeich ein Lichtblick. Große Auswahl, auch jugoslawische Spezialitäten. *Norddeich, Fluthörn 2/Ecke Muschelweg, Tel. 04931/812 00, kein Ruhetag, Kategorie 2*

Utkiek

Einfaches und preiswertes Essen, aber großartiger Ausblick auf Hafen und Wattenmeer. Durchgehend warme Küche. *Norddeich, Badestr. 1 (auf dem Deich), Tel. 04931/80 62, kein Ruhetag, Kategorie 3*

EINKAUFEN

E. Diepen Gold- und Silberschmiede

Spezialist für Gold- und Silberfiligran. *Norden, Osterstr. 23/24*

Das Kontor – Weine, Kochen & Mehr

Mehrfach ausgezeichnete Weinhandlung und Verkauf hochwertiger Küchenartikel. *Norden, Großneustr. 9*

Seitensprung
Glasbilder und Schmuck aus eigener Werkstatt, blauweiße Keramik und Bienennaturkosmetik. *Norden, Eselspfad 1, Mo–Fr 15–18, Sa 10–13 Uhr*

ÜBERNACHTUNG

Für kurzfristige Buchungen gibt es einen automatischen Ansagedienst freier Unterkünfte *(Tel. 04931/92 29 81)*.

Ferienhausservice Mennenga
Wer seine Wohnung frühestens 14 Tage vor Ankunft bucht und die Wahl dem Vermieter überlässt, zahlt pro Tag nur 50–80 Mark. *Norddeich, Dörper Weg 3, Tel. 04931/815 64, Fax 99 81 64*

Zur Post
Über 100 Jahre altes Hotel mit Gaststätte, zentral neben dem Postamt gelegen. Privatparkplatz. *Norden, 13 Zi., Am Markt 3, Tel. 04931/27 87, Fax 16 87 28, Kategorie 2*

Regina Maris
Modernes Hotel im Kurzentrum mit Zimmern für bis zu vier Personen. Kleines Hallenbad, Sauna, Solarium und Restaurant mit Diätkoch im Haus. *62 Zi., Norddeich, Badestr. 7c, Tel. 04931/189 30, Fax 18 93 75, Kategorie 1*

Reinder's Hotel
Modernes Hotel mit Liegewiese und Sonnenterrasse unmittelbar hinter dem Deich. *20 Zi., Norddeich, Deichstr. 16, Tel. 04931/940 00, Fax 94 00 50, Kategorie 2*

Residenz am Deich
Modernes Apartmenthaus mit individuell eingerichteten Wohnungen, zum Teil mit zweitem Schlafraum auf der Empore; auch Nichtraucherwohnungen. Wohnungen im obersten Geschoss mit Meerblick. *20 Apartments, Norddeich, Badestr. 8, Tel. 04932/92 73 70, Fax 92 91 49, Kategorie 2*

SPORT UND AKTIVITÄTEN

Geführte Touren
Eine ganze Reihe geführter Touren zu Fuß, per Rad, Bus oder Schiff, die den Rahmen traditioneller Ausflüge sprengen, führt die Arbeitsgemeinschaft Norder StadtführerInnen zwischen April und Oktober durch. Zum Programm gehören z. B. Fahrten zu berühmten Orgeln in ostfriesischen Dorfkirchen oder Burgenfahrten. *Postfach 1165, 26501 Norden-Norddeich, Tel. 04931/98 62 03, Fax 98 62 90*

Hallenwellenbad Norddeich
Mit Sauna, Solarien und Bowlingbahnen. *Dörper Weg, Mitte Nov.–Mitte Dez. geschl.*

Museumseisenbahn Küstenbahn Ostfriesland
Auf der 16 km langen Strecke von Norden nach Dornum ziehen historische Diesel- und Dampfloks alte Waggons. Für Bewirtung ist gesorgt, Fahrräder können mitgenommen werden. Von Juni bis Mitte Oktober jeden Sonntag vier Fahrten pro Richtung. *MOK, Norddeicher Str. 82a, 26506 Norden, Tel. 04931/16 90 30, Fax 16 90 65*

Strand- und Freibad Norddeich
Mit 4000 qm großem Seewasserbecken mit Sprunganlage. *Badestr., Okt.–April geschl.*

Surfschule Happy Surf
Im Strandbad Norddeich, Tel. 04942/50 96

AM ABEND

Kino-Center Norden
Zwei Kinos unter einem Dach. *Osterstr. 136, Tel. 04931/41 50*

Meta's Musikschuppen
Diskothek für jedes Alter unmittelbar hinter dem Deich. *Deichstr., Mi, Fr, Sa ab 21 Uhr*

AUSKUNFT

Kurverwaltung Norden-Norddeich
Postfach 1165, Dörper Weg 22, 26501 Norden-Norddeich, Tel. 04931/98 62 00, Fax 98 62 90, www.nordennorddeich.de

ZIELE IN DER UMGEBUNG

Berum (109/D–E 2)
Romantiker wohnen gut und komfortabel in den drei je 50 qm großen Ferienwohnungen in der schon im 14. Jh. gegründeten *Wasserburg Berum,* die noch immer in Privatbesitz ist und nicht besichtigt werden kann. *Burgstr., Tel. 04931/77 55, Fax 77 54, Kategorie 2*

Juist (108/B–C 1)
Nach Juist (1670 Ew.) kann man nur an wenigen Tagen im Monat Tagesausflüge unternehmen, da die Fähren hier besonders tidenabhängig sind und oft nur einmal täglich verkehren. Auch sonst steckt Juist voller Besonderheiten: Die Insel ist mit 500 m extrem schmal, aber mit 17 km die längste aller Ostfriesischen Inseln. Auf keiner anderen Insel sind Pferdekutschen für den Verkehr wichtiger. Auf der Insel gibt es zwei Dörfer: den Hauptort in der Inselmitte und das weiter westlich gelegene Loog. Westlich davon liegt mit dem Hammersee der größte Süßwassersee der Ostfriesischen Inseln. Ein Rundgang vom Hauptdorf um den See und wieder zurück dauert etwa eine Stunde. Das *Küstenmuseum (Loogster Pad, Mo–Sa 9–12, Mo–Fr auch 14.30–18 Uhr, Eintritt 4 Mark, Kinder 3 Mark)* im Loog illustriert die Inselgeschichte, informiert über Erdöl- und Erdgasbohrungen in der Nordsee und zeigt mit der »Friesenstube«, wie man im 19. Jh. auf der Insel wohnte.

Besonders gut essen können Sie im Restaurant *Gabeljürge (Gräfin-Theda-Str. 4, Tel. 04935/10 07, kein Ruhetag, Kategorie 1).* Das schöne Ausflugslokal *Wilhelmshöhe* liegt auf einer Düne im Osten der Insel *(Flugplatzstr. 21, Tel. 04935/249, kein Ruhetag, Kategorie 3).* Inselkeramik wird in der *Inseltöpferei (Gräfin-Theda-Str.)* und dem *Keramik-Atelier im Loog (Loogster Pad)* hergestellt.

Abfahrtshafen nach Juist ist Norddeich-Mole. Der Fahrplan ist stark tidenabhängig *(Auskunft Tel. 04931/98 71 24).*

Marienhafe (109/D 3)
Im ersten Stockwerk des ehemals 70 m hohen Kirchturms von Marienhafe soll der berüchtigte Seeräuber Klaus Störtebeker zwischen 1396 und 1400 gehaust haben. Marienhafe hatte damals noch einen direkten Zugang zum Meer. Heute ist in dem mächtigen Backsteinturm ein Museum eingerichtet, das Überreste eines einst 250 m langen Sandsteinfrieses birgt. Der Fries

Klaus Störtebeker

Seeräuber machten den Kaufleuten der Hanse immer das Leben schwer. Um 1400 trieben es die Likedeeler besonders toll. Unter ihrem Anführer Klaus Störtebeker lauerten sie den Hamburger Kauffahrern in der Elbmündung vor der Insel Neuwerk auf. Ihr sommerlicher Stützpunkt war Helgoland; im Winter zogen sie sich nach Marienhafe in Ostfriesland zurück. Helgoländer und Ostfriesen profitierten davon nicht schlecht, denn für ihre Versorgung zahlten die Piraten gut mit Beutegut wie Stoffen oder Bier. Den üppigen Rest teilten sie gleichmäßig unter sich auf – daher der Name Likedeeler (Gleichteiler). Erst nach drei Jahren gelang es einer Hamburger Flotte, 70 der Seeräuber gefangen zu nehmen. Zusammen mit Klaus Störtebeker wurden sie am 20. Oktober 1401 in Hamburg geköpft.

zeigt biblische Szenen, Fabelwesen und Spottfiguren. Eine Wendeltreppe führt von dort auf eine Aussichtsplattform hinauf. *Am Markt, Mo–Sa 10–12 und 14–17, So 14–17 Uhr, Eintritt 2 Mark*

Norderney **(109/D–E 1)**

Norderney (6500 Ew.) galt lange als die vornehmste aller sieben Ostfriesischen Inseln. Aus der goldenen Gründerzeit im 19. Jh., als die Insel Sommerresidenz des Hannoveraner Königs war, stammen noch das Kurhaus von 1840, das Kurtheater von 1890 und das 1837/38 gegründete Kurhotel. Damals war Norderney ein Treffpunkt der feinen Gesellschaft. Heinrich Heine, Otto von Bismarck, Theodor Fontane und Wilhelm von Humboldt gehörten zu den Gästen. Heute ist es die lebhafteste der Inseln: 40 000 Übernachtungsgäste und bis zu 10 000 Tagesbesucher zählt man in der Hochsaison.

Den schönsten Blick über Stadt und Insel genießen Sie von der *Aussichtsdüne Georgshöhe* an der Strandpromenade oder vom *Leuchtturm (Di–So 14–16, Sommerferien bis 17 Uhr, Eintritt 2 Mark)* am Flughafen aus. Sehr sehenswert ist das einem Vorbild aus der Zeit um 1800 nachgebaute *Alt-Norderneyer Fischerhaus,* das das *Heimatmuseum* beherbergt *(Im Argonnerwäldchen, Di, Do, Sa 15–17 Uhr, während der Sommerferien länger, Eintritt 2 Mark).* Eine etwa einstündige Wanderung führt auf dem Deich einmal rund um den Südstrandpolder, in dem etwa 40 verschiedene Vogelarten brüten.

Zumindest einen Tee sollten Sie im *Caférestaurant Marienhöhe (Mo geschl., Tel. 04932/686, Kategorie 2)* an der Strandpromenade genießen, einem originellen Kuppelbau mit zarten Deckenmalereien und phantastischem Meerblick. Sehr stimmungsvoll ist auch das Restaurant *Zur Mühle (Mo geschl., Tel. 04932/686, Kategorie 2)* in der einzigen historischen Windmühle der Ostfriesischen Inseln.

Abfahrtshafen nach Norderney ist Norddeich-Mole, der Fahrplan ist tidenunabhängig *(Auskunft Tel. 04931/98 71 24).*

Herbes Bier und große Pötte

Abseits der »Metropolen« Jever und Wilhelmshaven finden Sie noch echte Ländlichkeit

Die Region rund um den Jadebusen steckt voller Gegensätze: Während in Wilhelmshaven Deutschlands modernster Containerhafen und ein virtuelles Ozeanzentrum entstehen, geht es in Butjadingen noch ausgesprochen beschaulich zu. Im Schloss der Bierstadt Jever wird die ganze Verworrenheit der (ost-)friesischen Geschichte deutlich, in deren Verlauf die Stadt nicht nur zu Friesland und Oldenburg, sondern auch zu Anhalt-Zerbst und für jeweils kurze Zeit sogar zu Dänemark, zu Frankreich und zu Russland gehörte.

Das heute viel größere Wilhelmshaven hingegen ist eine Neugründung König Friedrich Wilhelms IV. von Preußen, der dem Großherzog von Oldenburg dafür ein Stück Land am Jadebusen abgekauft hatte. Während Wilhelmshaven zu einem wichtigen Marinestützpunkt wurde, heute Deutschlands größter Ölhafen ist und große Pläne für die städtische Zukunft hat, ist das Butjadinger Land ganz ländlich geblieben. Hier können Urlauber noch ruhige Ferien abseits der großen Touristenströme erleben.

Im Hafen von Dangast: frische Krabben direkt vom Kutter

BUTJADINGEN

(**111/D-E5**) Zwischen Jadebusen und Wesermündung liegt die Halbinsel Butjadingen. Als der Jadebusen zwischen 1334 und 1511 durch mächtige Sturmfluten entstand und bis zur Weser vordrang, machte er das Butjadinger Land zur Insel. Erst durch Eindeichungen stellten seine Bewohner im 16. Jh. wieder eine Verbindung zum südlich gelegenen Stadland her. Die Dörfer auf der Halbinsel bilden heute die Gemeinde Butjadingen; einen Ort dieses Namens aber gibt es nicht. Im übrigen Deutschland ist diese noch sehr ländlich geprägte Ferienregion bisher kaum bekannt. Außer in einem nach mancher Ansicht deplatzierten Großhotel bei Tossens wohnt man hier überwiegend auf Bauernhöfen oder in kleinen Hotels und Pensionen.

BESICHTIGUNGEN

Eckwarderhörne

Das zu Eckwarden gehörende Dorf lohnt einen kurzen Besuch, weil Sie hier von der Strandhalle auf dem Deich aus bei klarer Sicht sehr schön den ganzen Jadebusen überblicken können.

Fedderwardersiel

In Butjadingens schönstem Hafen liegen heute noch etwa zehn Krabbenkutter, die bei gutem Wetter bis zur nordfriesischen Insel Amrum fahren, um frischen Granat aus dem Meer zu holen. Die Südseite des Hafens säumen mehrere kleine, alte Gebäude aus dem 19. Jh., als Fedderwardersiel noch ein bedeutender Handelshafen war. Von hier aus startet im Sommer der kleine *Dampfer Wega II (Kapitän Elmar Hüttenmeister, Burhave, Tel. 04733/513 und 0172/411 79 02, Fax 04733/92 03 05)* zu Ausflugsfahrten zu den Seehundsbänken, zum Leuchtturm Roter Sand oder nach Bremerhaven.

Bäuerliches Butjadingen: ideale Gegend für eine zünftige »Landsafari«

Hof Iggewarden

Bauer Reinhard Evers und seine Frau Susanne haben ihren Hof umgestellt: Statt 800 halten sie jetzt nur noch 150 Schweine und widmen sich stattdessen mehr dem Tourismus. Montagnachmittags veranstalten sie Landsafaris, bei denen es mit Trecker und Wagen über Weiden und Kornfelder geht, mittwochnachmittags führen sie Besucher durch den Stall und lassen sie auf Ponys reiten. Außerdem betreiben sie einen kleinen Hofladen mit eigenen Produkten und ein *Caférestaurant (Tel. 04733/317, Mi–Mo 10–14 und 15–18 Uhr, Kategorie 3),* in dem bevorzugt Schweinefleisch serviert wird. *Zufahrt an der Straße Burhave–Langwarden ausgeschildert*

Tossens

Tossens hat von allen Orten Butjadingens am wenigsten ländlichen Charakter. Ein großer Ferienpark beherrscht das Ortsbild – und vom Deich aus blickt man auf den Wilhelmshavener Ölhafen.

MUSEUM

Nationalparkhaus Museum Butjadingen

Das Museum in zwei historischen Häusern am Hafen von Fedderwardersiel vermittelt auf zwei Etagen Wissenswertes über die Ortsgeschichte, die Halbinsel Butjadingen, den Krabbenfang und das Wattenmeer. Ein Gezeitenmodell veranschaulicht die Entstehung und den Verlauf von Ebbe und Flut; ein anderes Modell erklärt die Entwässerung des Butjadinger Landes, das ja stellenweise unter dem Meeresspie-

MARCO POLO TIPPS FÜR FRIESLAND, JADEBUSEN, BUTJADINGEN

1 **Oceanis in Wilhelmshaven**
Das virtuelle Erlebnis der Unterwasserwelt (Seite 68)

2 **Jever-Brauerei**
Brauereibesichtigung mit Bier und Brezel (Seite 64)

3 **Deutsches Marinemuseum in Wilhelmshaven**
Ein U-Boot und ein Minenjagdboot der Bundesmarine besichtigen (Seite 68)

4 **Seglerheim am Nassauhafen, Wilhelmshaven**
Preiswert Fisch essen und nebenbei Yachten bewundern (Seite 69)

5 **Blaudruckerei in Jever**
Eine alte Handwerkstechnik neu belebt (Seite 66)

6 **Hotel Feuerschiff Weser in Wilhelmshaven**
Mit viel Atmosphäre an Bord übernachten (Seite 70)

gel liegt. Die Produkte einer Handweberei im Hause können ebenso gekauft werden wie kleine, preiswerte Buddelschiffe. *Fedderwardersiel, Am Sielhafen, Tel. 04733/85 17, 15. März–Okt. tgl. 10–18 Uhr, Nov.–14. März Di–So 10–18 Uhr, Eintritt 3,80 Mark*

RESTAURANTS

Zum Alten Bahnhof
Einfaches Landgasthaus. Im großen Zelt im Sommergarten wird häufig gegrillt. *Burhave, Bahnhofstr. 14, Tel. 04733/589, mittags und Mo geschl., Kategorie 2*

Zum Rauchfang
Gepflegtes, rustikal eingerichtetes Restaurant mit mehreren Gasträumen. Durchgehend warme Küche. Spezialität des Hauses ist Schwenkbraten vom Schwein, der ab 17 Uhr (sonntags ab 12 Uhr) im offenen Kamin gegrillt wird. *Sillens, Tel. 04733/717, Mo geschl., Kategorie 2–3*

EINKAUFEN

Buddelschiffswerft
Gustav Ackermann baut in seiner Miniwerft Buddelschiffe jeder Größe und demonstriert auch gern seine Arbeit. *Burhave, Hohe Weg 1, Tel. 04733/14 62*

Galerie am Wehldamm
Zeitgenössische Künstler präsentieren hier ihre Arbeiten: Aquarelle, Skulpturen, Keramik und Computergrafiken zum Beispiel. *Ruhwarden, Sonnenstr. 1, Tel. 04736/598, Mi, Do, So 15–18 Uhr*

ÜBERNACHTUNG

Altes Hafenmeisterhaus
Zwei modern eingerichtete Ferienwohnungen mit 40 bzw. 80 m² Wohnfläche in einem historischen Haus direkt am Sielhafen. *Fedderwardersiel, Am Hafen 10, Tel. 04733/13 67, Tel. und Fax 0751/935 88, www.hafenmeisterhaus.w-4.de, Kategorie 2–3*

Feriendorf To'n Spieker
Feriendorf gleich hinter dem Deich in sehr ländlicher Umgebung. Durch viele verschiedene Haustypen wirkt es nicht so monoton wie viele andere Feriendörfer. Auf 45–75 m² finden vier bis sechs Personen Platz, die Mietpreise pro Woche liegen je nach Wohnungsgröße und Saison zwischen 295 und 1260 Mark. *Eckwarderhörne, Tel. 04736/92 00 70, Fax 92 00 91, www.ferienhaeuser.de*

Holiday Inn Resort Tossens
Das mit Abstand größte Bettenangebot in Butjadingen. Gäste haben die Wahl zwischen 76 Hotelzimmern, 144 Studios und 256 Bungalows – Einsamkeit ist da nicht angesagt. Für Unterhaltung sorgen mehrere Restaurants und Bars, ein großes, überwiegend sportlich ausgerichtetes Animationsprogramm, das 4000 m² große subtropische Badeparadies und eine hauseigene Diskothek. *Tossens, Strandallee 36a, Tel. 04736/92 80, Fax 928 94 28, www.holiday-inn.com, Kategorie 1–2*

Nordseeblick
Hotel unmittelbar am Sielhafen, Zimmer mit Hafen- oder Weserblick. Halb- und Vollpension möglich. Ein großer Balkon zum Sonnenbaden ist für alle da, jeweils fünf Zimmer teilen sich ein Bad mit WC und Dusche. *15 Zi., Fedderwardersiel, Am Sielhafen, Tel. 04733/10 21, Kategorie 3*

SPORT UND AKTIVITÄTEN

Spielscheune
Besonders stolz sind die Touristiker der Region auf eine große, nicht sonderlich schöne, aber helle Halle, in der sich Kinder bei jedem Wetter austoben können: Kletterpyramide, Riesenrutsche, Trampolin und eine große Sandkiste. *Burhave, Strandstr., tgl. 10 bis 18 Uhr, Eintritt 2,50 Mark, Kinder (4–13 Jahre) 3,50 Mark, mit Kurkarte jeweils 1 Mark Ermäßigung*

AM ABEND

Strandhallenrondell
Disko in Burhave für Junge und jung Gebliebene. *April–Okt. Mi und Sa, Nov.–März nur Sa, Programmauskünfte Tel. 04733/12 26*

AUSKUNFT

Butjadingen Kur und Touristik GmbH
Strandallee 61, 26969 Burhave, Tel. 04733/929 30, Fax 92 93 99

ZIELE IN DER UMGEBUNG

Blexen **(111/F 5–6)**
Blexen, durch eine Autofähre mit Bremerhaven verbunden, ist heute ein Ortsteil von Nordenham. Für Kunstfreunde lohnt es wegen seiner Kirche *St. Hippolyt (Deichstr., Tel. 04731/370 10, meist tagsüber geöffnet, Führungen jeden 2. und 4. Sa im Monat um 11 Uhr)* den Besuch, deren älteste Teile aus der Mitte des 12. Jhs. stammen. Besonders beachtenswert sind die 1638 von Johann Münstermann geschaffene Kanzel, die Orgel- und die Nordempore mit zahlreichen figürlichen Malereien sowie der 1642 aus Sandstein gemeißelte Taufstein.

Moorseer Mühle **(111/E 6)**
In der letzten funktionstüchtigen Windmühle der Wesermarsch, einem dreistöckigen Galerie-

holländer von 1904 (mit Unterbau von 1840) bei Abbehausen, erfahren Sie allerlei über das Müllerhandwerk. Besonders attraktiv ist ein Besuch am Mittwoch (von Mitte Mai bis Ende August auch am Dienstag) zwischen 11 und 13 Uhr, wenn auf dem Mühlengelände Backtag ist. *Moorsee, Tel. 04731/889 83, April–Okt. Mo–Sa 9.30–13 und 14–17.30 Uhr, Nov.–März Mi, Do, Sa 14–17 Uhr, Eintritt 3 Mark*

Rodenkirchen **(115/F 2)**
Die kleine Gemeinde birgt in ihrer Kirche *St. Matthäus (Tel. 04732/83 93, Mo–Do 9–16 Uhr, Spende erbeten)* einen großen kunsthistorischen Schatz: eine Kanzel und ein Altaraufsatz, die zu den Meisterwerken des berühmten Holzschnitzers Ludwig Münstermann zählen. Seine Darstellung des Abendmahls in der Schauwand des Altars wird durch die illusionistische Räumlichkeit auch weniger Kunstinteressierte faszinieren.

HOOKSIEL

(111/C4) Hooksiel (1800 Ew.) ist der schönste Hafenort am Jadebusen und wartet mit einem besonders umfangreichen Sportangebot auf. Die alten Häuser im Kern des schon im 16. Jh. gegründeten Ortes wurden in den Achtzigerjahren des 19. Jhs. ansprechend saniert; am Alten Hafen stehen noch drei große, früher als Getreidespeicher genutzte Packhäuser von 1827.

Zwischen dem Alten Hafen und dem Jadebusen ist durch Eindeichungen und den Bau einer neuen Schleuse 1974 ein einem Binnensee gleichendes Binnentief entstanden, das etwa 60 ha große Hooksmeer. Auf der Seeseite des hakenartigen Landstreifens, der das Binnentief vom offenen Meer trennt, liegen die sandigen Badestrände von Hooksiel, wo es auch einen FKK-Bereich gibt.

BESICHTIGUNG

Mudderboot
Am Südufer des Alten Hafens liegt ein 1925 gebautes, hölzernes Mudderboot, das bis 1956 im Einsatz war. »Mudder« oder »Mödder« sind niederdeutsche Wörter für Schlick: Das Boot diente nämlich der Entschlammung der Fahrrinne zwischen Hafen und Meer.

MUSEUM

Künstlerhaus
Wechselausstellungen zeitgenössischer Künstler im alten Schulhaus von 1618 und im Spritzenhaus von 1836. *Lange Str. 16, Tel. 04425/12 78 und 814 08, Di–So 16–19 Uhr, Mi, Do, So auch 11–13 Uhr, Eintritt frei*

RESTAURANTS

Die Muschel
Caférestaurant mit verglaster Aussichtsterrasse; hausgemachte eingelegte Bratheringe, selbst gebackene Obstkuchen und -torten. *Am Yachthafen, Tel. 04425/ 681, kein Ruhetag, Kategorie 2*

Zum Schwarzen Bären
Küchenmeister Herbert Klostermann serviert in einem um 1765 erbauten Haus zahlreiche Köstlichkeiten, darunter Deichlamm und Fleisch vom Lavagrill. *Lange*

Str. 15, Tel. 04425/958 10, Mi geschl., Kategorie 2

EINKAUFEN

Goldschmiede Seewiefke
Goldschmiedemeisterin Claudia Benjes präsentiert überwiegend eigene Kreationen. *Lange Str. 10, Packhaus-Passage, Di–Sa 10–18, So 14–18 Uhr*

Viv'Antique
Antiquitäten aus dem Wangerland und von anderswo. *Lange Str. 10/12, April–Okt. Mi–So 14–18, Nov.–März Fr–So 11–18 Uhr*

ÜBERNACHTUNG

Alte Schneiderei
Hotel in einem über 200 Jahre alten Haus nahe dem Alten Hafen. Spezielles Hochzeitszimmer mit Himmelbett. *13 Zi., Obernstr. 1, Tel. 04425/18 06, Fax 99 11 01, Kategorie 2*

Ferienhaus Packhaus
Mehrere Apartments für bis zu vier Personen in einem der alten Packhäuser am Hafen. *Vermittlung durch Elsa Jacobs, Tel. 04425/793, Fax 813 92, Kategorie 2*

Packhaus
Hotel in einem der drei alten Packhäuser am Hafen. Exzellente deutsche und internationale Küche, große Weinkarte, Caféterrasse am Hafen. *7 Zi., Am Alten Hafen 1, Tel. 04425/12 33, Fax 811 10, Kategorie 2*

SPORT UND AKTIVITÄTEN

Hochseeangeln
Überdurchschnittlich professionell gestaltete Hochseeangelfahrten starten zwischen Mitte Mai und Mitte September Mo–Fr um 8, Sa um 5, 5.30, 13.30 und 14 sowie So um 7 und um 8 Uhr vom Außenhafen aus mit Kuttern zum Makrelenfang. Die maximal 45 Teilnehmer bleiben acht bis zehn Stunden auf See. *Reederei Elbeplan, Tel. 04425/17 37, Erwachsene 55 Mark, Jugendliche bis 18 Jahre 25 Mark*

Pferderennen
Trab- und Galopprennen finden auf der Jaderennbahn an etwa fünf Mittwochabenden oder Sonntagnachmittagen im Juli und August statt.

Segeln und Motorbootfahren
Segel- und Motorbootausbildung bis zur Prüfung, Wochenendsegelkurse auf dem Wattenmeer für Segelscheininhaber und Yachtcharter. Besonderer Clou: Wer hier seinen Segelschein macht, kann während der gesamten Saison unentgeltlich eine Jolle leihen und segeln ohne Ende. *Nordsee-Segelschule Hooksiel/Charterzentrum Nordsee, An der Jaderennbahn, 26434 Hooksiel, Tel./Fax 04425/17 69, Mobiltel. 0171/217 82 74, www.hooksiel.de/segelschule*

Surfschule Heeren
Anfänger- und Fortgeschrittenenkurse, auch für Kinder ab sechs. Außerdem Vermietung von Surfbrettern und Neoprenanzügen. Auch Gäste mit eigenen Boards sind auf dem Surfgelände willkommen; sie zahlen mit PKW 10, mit Wohnmobil 20 Mark pro Tag. *Surfgelände am Binnentief, Büro und Postadresse: Flutstr. 125, 26388 Wilhelmshaven, Tel. 04421/519 01, Fax 50 28 76*

Wasserskilift
Nicht vom Motorboot, sondern von einem rasenden Lift werden hier die Wasserskiläufer übers Wasser gezogen. Wer es noch nicht beherrscht, bucht für 32 (Jugendliche bis 16 Jahre für 22) Mark einen Anfängerkurs. Sonst kosten vier Starts 12, 20 Starts 39 Mark. *Am Binnentief (bei der Werft), Tel. 04425/16 48, April–Okt. tgl. 10–22 Uhr*

AUSKUNFT

Kurverwaltung Wangerland
Hohe Weg 1, 26434 Hooksiel, Tel. 04425/958 00, Fax 95 80 17, www.ost-friesland.de/wangerland

ZIELE IN DER UMGEBUNG

Hohenkirchen (110/B 4)
In der Kirche *St. Sixtus und Sinicius* steht seit 1620 einer der schönsten Altäre Ludwig Münstermanns. In seinem Zentrum stellt der Meister den Moment beim Letzten Abendmahl dar, in dem Jesus voraussagt, dass ihn einer seiner zwölf anwesenden Jünger verraten wird. Äußerst dramatisch sind Entsetzen und Verzweiflung der Jünger erfasst. *Ostern–Herbstferienende Mo–Fr 9 bis 17 Uhr*

Horumersiel-Schillig (110/C 4)
Das Nordseeheilbad Horumersiel-Schillig ist das Kurzentrum des Wangerlandes. Im schönen Kurpark spielt fast jeden Tag die Kapelle zum Kurkonzert auf, im modernen Kurzentrum sind vielerlei Anwendungen möglich. Auch für Urlauber aus Hooksiel attraktiv ist das 1999 eingeweihte Solefreizeitbad mit Innen- und Außenbecken, die aus einem eigenen, 160 m tiefen Brunnen mit Wasser gespeist werden. Im *Nationalparkhaus Wangerland (Di bis Fr 10–13 und 15–18, Sa/So 14–18 Uhr, Eintritt frei)* sind zwei Aquarien und einige präparierte Seehunde zu sehen. In Schillig steht an der Fußgängerzone das einzige Kino der Region.

Stumpenser Mühle (110/C 4)
Die 1816 errichtete Mühle beherbergt heute eine geschmackvoll eingerichtete Teestube, die sich zugleich auch Kartoffelhaus nennt: Außer Tee und Kuchen werden Kartoffeln in allen Variationen serviert. *Von der Straße zwischen Horumersiel und Hooksiel aus*

Warten auf mehr Meer: Ebbe im Hafen Horumersiel

gut ausgeschildert, Tel. 04426/ 77 56, April–Sept. tgl. ab 11, Okt. bis März ab 14 Uhr, durchgehend warme Küche, Kategorie 3

Tettens **(110/B 4)**
Das Granitquader-Mauerwerk der *St.-Martins-Kirche* in Tettens wurde gründlich renoviert – eine Fotoausstellung in der Kirche erklärt den Aufbau eines solchen Mauerwerks und die durchgeführten Arbeiten. Interessant ist auch der Flügelaltar von 1520, auf dessen vom Betrachter aus gesehen rechten Seitenflügel die Lebensgeschichte des Erzbischofs Thomas Becket von Canterbury dargestellt ist. Im vorletzten der sechs Bildfelder sehen Sie, wie Becket mit Billigung des englischen Königs Henry II. ermordet wird, im letzten Bildfeld, wie der König öffentlich Buße tut. *Tgl. ca. 9–18 Uhr*

Waddewarden **(110/C 5)**
Die schon 1246 auf einer hohen Warf erbaute *Johanneskirche* lockt mit ihrem Taufstein aus dem 13. Jh. sowie mit ihrem reich verzierten Flügelaltar Kunstfreunde an (Schlüssel im Pfarramt). Zwei exzellente Fischrestaurants am Kirchplatz führen Feinschmecker in Versuchung. Im *To'n Schlagboom (Tel. 04461/ 24 25, Di geschl., Kategorie 2)* und im *Waddewarder Hof (Tel. 04461/24 12, Mo geschl., Kategorie 2)* wird außer Matjes nur frischer Fisch verarbeitet. Das To'n Schlagboom bietet außerdem täglich Fischseminare an, bei denen Gastronom Hans-Wilhelm Rohlfs Wissenswertes über Fisch und Fischzubereitung erzählt und diverse Fischsorten zur Verkostung serviert.

JEVER

(110/B 5) Die Stadt mit 14 000 Einwohnern, deren Namen die Einheimischen mit stimmlosem »v« – also Jefer – aussprechen, ist der Verwaltungssitz des Landkreises Friesland. Bekannt wurde sie in neuerer Zeit vor allem durch ihr friesisch-herbes Bier. Stadtrechte besitzt die Kleinstadt aber schon seit 1536, als das legendäre Fräulein Maria das Jeverland regierte. Teile des großen Jeveraner Schlosses stammen noch aus ihrer Zeit. Ans Schloss schließt sich eine stimmungsvolle, teilweise noch von ihren historischen Wallgräben umgebene Altstadt an, durch die zu bummeln sich besonders lohnt.

BESICHTIGUNGEN

Jever-Brauerei
★ Die 32 m hohen, verspiegelten Glastürme des Friesischen Brauhauses sind zu einem Wahrzeichen der Stadt geworden. Bier wird in dieser Brauerei schon seit über 150 Jahren gebraut, das berühmte, besonders hopfenreiche und daher herbe Jever-Pilsener seit 1934. Bei den etwa zweistündigen Führungen lernen Sie nicht nur die modernen Produktionsanlagen kennen, sondern auch das Brauereimuseum. *Elisabethufer 18, Tel. 04461/137 11, www.jever.de, Führungen (möglichst nach Voranmeldung) Mo–Fr ca. 10–16 Uhr, Sa/So ca. 10–12 Uhr, Mo–Fr 10 Mark, Sa/So bei eingeschränkten Leistungen 6 Mark*

Sagenbrunnen
Einer der schönsten Brunnen Deutschlands steht seit 1995 auf dem Alten Markt von Jever. Er

Hier sind Hopfen und Malz vergoren: Friesisches Brauhaus Jever

erinnert figurenreich und ausdrucksvoll an fünf Sagen aus dem Jeverland. Am auffälligsten ist sicherlich das Hexenschiff.

Schloss

Während die Brauereitürme die modernen Wahrzeichen Jevers sind, ist der 61 m hohe Schlossturm aus dem 18. Jh. mit seiner Zwiebelhaube das historische Wahrzeichen der Stadt. Das Schloss selbst ist viel älter: Im Wesentlichen wurde zwischen 1428 und 1564 gebaut. Das alte Mobiliar wurde in den Wirren der Napoleonischen Kriege 1807 verkauft; von der früheren prächtigen Inneneinrichtung zeugen heute vor allem noch schöne Ledertapeten, einige flandrische Gobelins aus dem späten 17. Jh. und im ehemaligen Audienzsaal eine prächtige geschnitzte Kassettendecke im Stil der Renaissance. Etwa 60 Räume im Schloss dienen jetzt musealen Zwecken. Gezeigt werden Holzplastiken aus dem 13.–17. Jh., bemalte Truhen und Schränke aus dem 18./19. Jh., historische Trachten, ein Kaufmannsladen aus der Zeit um 1900, verschiedene historische Handwerkerwerkstätten und vieles mehr. *Eingang Schlossplatz, Tel. 04461/ 21 06, Juli/Aug. tgl. 10–18 Uhr, Sept.–Juni Di–So 10–18 Uhr, 16. Jan.–Feb. geschl., Turmbesteigung Mai–Sept. tgl. 11–17 Uhr, Eintritt 4 Mark*

Stadtkirche

Jevers Stadtkirche wirkt wie ein Zwitter: Der Chor ist spätgotisch, der Rest stammt aus den Sechzigerjahren des 20. Jhs. Die alte Stadtkirche war nämlich 1959 abgebrannt, nur der Chor konnte gerettet werden. Darin steht das vielleicht größte Kunstwerk der Stadt: ein prunkvoller, von einem zweistufigen Holzbaldachin überspannter Sarkophag, auf dem eine überlebensgroße Figur des Friesenhäuptlings Edo Wiemken liegt, des Vaters der legendären Jeveraner Herrscherin Fräulein Maria. *Am Kirchplatz, tgl. 8–18 Uhr, wenn geschl. Schlüssel im Gemeindehaus (Am Kirchplatz 13), Eintritt frei*

MUSEUM

Landwirtschaftsmuseum Schlachtmühle
Besichtigt werden können die 1847 erbaute Galerieholländermühle und die als Museum genutzte Mühlenscheune, in der u.a. eine über 100 Jahre alte Schlosserwerkstatt wieder errichtet wurde. *Hooksweg 9, Tel. 04461/21 06, Ostern–Okt. Di bis So 10–13 (So erst ab 11) und 15 bis 17 Uhr, Eintritt 2 Mark*

RESTAURANTS

Alte Apotheke
In einem historischen Haus, das von 1798 bis 1953 als Apotheke diente, zaubert heute der Koch Gerichte wie Zander in Steckrübensud oder mit Krabbenragout gefüllte Seezungen. Tischreservierung dringend zu empfehlen. *Apothekerstr. 1, Tel. 04461/40 88, Mo geschl., Kategorie 1–2*

Bistro Neue 17
Frühstück und viele kleine und große Gerichte, werktagsmittags ein täglich wechselndes, sehr preiswertes Stammessen. *Neue Str. 17, Tel. 04461/60 89, kein Ruhetag, Kategorie 3*

Haus der Getreuen
Die Stammtischrunde dieses historischen Gasthauses beschloss 1871, Fürst von Bismarck zu seinem Geburtstag 101 Kiebitzeier zu schenken. Den Brauch behielt sie bis zu seinem Lebensende bei – und bekam zwischenzeitlich von ihm einen Kiebitzpokal geschenkt. Der wird noch heute alljährlich von den »Getreuen aus Jever« am 1. April im Gedenken an den früheren Reichskanzler geleert. *Schlachtstr. 1 (neben der Brauerei), Tel. 04461/30 10, kein Ruhetag, Kategorie 2*

EINKAUFEN

Blaudruckerei im Kattrepel
★ Als arbeitsloser Historiker kam der vollbärtige Georg Stark auf die Idee, ein altes, damals bereits fast ausgestorbenes Kunsthandwerk zu erforschen: den Blaudruck. Nach drei Jahren war er 1985 so weit, seine Werkstatt zu eröffnen. Inzwischen hat er mehr als 1700 Model gesammelt, in deren Holz Muster eingeschnitzt sind. Damit bringt er eine klebrige Masse, den Druckpapp, auf seine Stoffe aus Leinen oder Baumwolle auf. Danach werden sie mit Indigo gefärbt, schließlich der Druckpapp abgewaschen. Das weiße Muster unter dem Druckpapp erscheint nun auf blauem Grund auf Halstüchern, Servietten, Tischdecken und sogar auf Kleidern. Die Porzellanfabrik Varel überträgt Starks Muster auch auf Geschirr, das Sie ebenfalls bei ihm kaufen können. *Kattrepel, Mo–Sa 10 bis 12.30, Mo–Do auch 14–18 Uhr*

Jever-Shop
Etwa 75 Produkte mit dem Emblem der Brauerei: vom Rucksack bis zur Baseballmütze, vom Bierglas bis zur Bistroschürze. *Elisabethufer 18*

Töpferei Baumfalk
Werkstatt, Galerie und Verkaufsräume einer der besten Keramikwerkstätten Deutschlands, die sowohl Gebrauchswaren als auch künstlerisch gestaltete Tonskulpturen anbietet. *Am Kirchplatz 17*

ÜBERNACHTUNG

Pellmühle
Von den Inhabern sehr persönlich geführtes, kleines Hotel nur mit Nichtraucherzimmern in einer alten Villa, fünf Gehminuten vom Zentrum entfernt. *19 Zi., Mühlenstr. 55, Tel. 04461/93000, Fax 71111, Kategorie 2*

Weißes Haus
Kleines, preiswertes Hotel nahe dem Zentrum und dem Freibad. *10 Zi., Bahnhofstr. 20, Tel. 04461/6839, Fax 5642, Kategorie 3*

AM ABEND

Konzerte
Im Audienzsaal des Schlosses finden im Sommer etwa alle 14 Tage Kammerkonzerte statt. *Vorverkauf über das Verkehrsbüro*

AUSKUNFT

Verkehrsbüro Jever
Alter Markt 18, 26441 Jever, Tel. 04461/71010, Fax 939299

WILHELMSHAVEN

☛ **Stadtplan in der hinteren Umschlagklappe**

(**110/C5–6, 111/D5–6**) Wilhelmshaven (90000 Ew.) war lange ein eher trister Marinestützpunkt und Industriestandort, der von monotonen Häusern aus der Nachkriegszeit geprägt war. Jetzt aber ist es auch touristisch attraktiv: Mit seinen küsten- und meeresbezogenen Museen, seinen Stränden sowie einem breiten Freizeit- und Unterhaltungsangebot lohnt es auch einen mehrtägigen Aufenthalt.

Wilhelmshaven ist eine junge Stadt. 1853 erwarb das Königreich Preußen hier 313 ha oldenburgisches Gebiet, um darauf seinen Marinestützpunkt an der Nordsee aufzubauen. 1869 weihte König Wilhelm I. den Hafen ein. 1937 wurde Wilhelmshaven dann mit der durch die Marineansiedlung stark gewachsenen Nachbargemeinde Rüstringen vereint. Heute beschäftigt die Marine noch etwa 10000 Menschen in Wilhelmshaven. Zweites wirtschaftliches Standbein der Stadt ist seit 1957 der Ölhafen, Deutschlands einziger Tiefwasserhafen. In 35 Tanks können hier bis zu 1,6 Mio. m^3 Erdöl gelagert werden. Jetzt soll die einzigartige Fahrrinnentiefe von über 22 m genutzt werden, um den modernsten Containerterminal Deutschlands zu schaffen, den Jade-Weser-Port. Er wird die Containerriesen der Zukunft aufnehmen, für die die Fahrwassertiefe der Häfen in Bremerhaven und Cuxhaven nicht ausreicht.

BESICHTIGUNGEN

Bontekai
An der Uferpromenade am Nordufer des heute Stadtsee genannten Großen Hafens liegen drei historische Schiffe, die von der Segelkameradschaft Klaus Störtebeker unterhalten werden und manchmal noch mit Fahrgästen an Bord in See stechen: das Feuerschiff »Weser« von 1907, der Tonnenleger »Kapitän Meyer« von 1950 und der Zweimastsegler »Klaus Störtebeker III« aus dem Jahr 1922.

Kaiser-Wilhelm-Brücke
Das Wahrzeichen Wilhelmshavens, von den Einheimischen nur

K.-W.-Brücke genannt, ist eine fast zierlich wirkende, 159 m lange Drehbrücke aus 758 t Eisen. Seit 1907 verbindet sie das Zentrum mit dem Südstrand.

Oceanis

★ Die virtuelle Unterwasserstation Oceanis war ein deutscher Beitrag zur Expo 1998 in Lissabon. Zur Expo 2000 ging sie nun für immer in Wilhelmshaven vor Anker. Besucher können eine simulierte rasante Fahrstuhlfahrt in 100 m Tiefe miterleben und in einem Motion-Ride-Kino mit dem Oceanis-Jet über und unter Wasser fliegen. Neben diesen beiden virtuellen Abenteuern bietet Oceanis vor allem wissenschaftlich fundierte Informationen über Ökologie und Ökonomie des Meeres. *Müller-Raschig-Halle, Bontekai, Eröffnung voraussichtlich am 1. Juni 2000*

Rathaus

Der 100 m lange Klinkerbau (1929) des Architekten Fritz Höger, der auch das Chilehaus in Hamburg errichtete, zählt zu den Höhepunkten expressionistischer Architektur in Deutschland. Sein 49 m hoher Turm, der als Wasserreservoir genutzt wird, bietet einen prächtigen Blick über die Stadt und den Jadebusen. *Rathausplatz, Turmfahrten unregelmäßig, Termine unter Tel. 04421/91 30 00 oder 16 16 37*

Seewasseraquarium

Fische und anderes Meeresgetier in über 40 Aquarien, dazu ein kleines Seehundbecken. *Südstrand 21, Tel. 04421/411 42, Juli/Aug. tgl. 10–18, Sept.–Juni 10 bis 17.30 Uhr, Eintritt 5 Mark*

MUSEEN

Deutsches Marinemuseum

★ Das sehenswerteste der Wilhelmshavener Museen illustriert die Geschichte der deutschen Marine (einschließlich jener der Volksmarine der DDR) mit zahlreichen Modellen, Fotos und Dokumenten. Neben Politik und Technik kommt auch die Sozialgeschichte ihrer Angehörigen dabei nicht zu kurz. Im

Sehenswert, weil es auch die Sozialgeschichte zeigt: das Marinemuseum

Außenbereich können ein 1967 gebautes U-Boot und ein ehemaliges Minenjagdboot der Bundesmarine besichtigt werden. *Südstrand 125, Tel. 04421/410 61, April–Sept. tgl. 10–19, Okt.–März 10–17 Uhr, Eintritt 10 Mark, Jugendliche unter 18 Jahren 5 Mark*

Küstenmuseum
Gute Informationen zur Archäologie in Norddeutschland, u. a. durch das Modell einer Wurtengrabung; ansonsten viele Schiffsmodelle und Dokumente zur Stadtgeschichte von Wilhelmshaven. Für 2001 ist der Umzug in die Exerzierhalle der ehemaligen Kaiserlichen Torpedowerft nahe dem Bontekai geplant. *City-Haus, Rathausplatz 10, Tel. 04421/16 14 60, Di–Fr 10–17 Uhr, Eintritt 4 Mark*

Pottwalausstellung
Anders als sonst üblich sind hier nicht nur die Knochen eines Pottwals zu sehen (der 1994 vor der Insel Baltrum strandete), sondern auch seine Organe. Herz, Lunge, Kehlkopf, Speiseröhre, Blasloch und Penis des Tieres wurden in einem neuartigen Verfahren konserviert und so für alle Zeiten haltbar gemacht. *Südstrand 106, Tel. 04421/45 51 15, Eintritt 6 Mark, Kombiticket für Wal und Wattenmeerhaus 12 Mark, Jugendliche unter 18 Jahren 4 Mark, Kombiticket 7 Mark*

Wattenmeerhaus
Ein umgebautes Torpedolager aus dem Zweiten Weltkrieg ist jetzt das zentrale Ausstellungsgebäude des Nationalparks Niedersächsisches Wattenmeer. Hier wird nach eigenem Bekunden der Versuch unternommen, Besucher die Welt dieses einzigartigen Naturraums aktiv erleben zu lassen – zu deutlich aber ist der pädagogisch erhobene Zeigefinger spürbar. Trotzdem: Mehr Informationen über das Watt erhalten Interessierte, die viel Zeit mitbringen, sonst nirgends. *Südstrand 110b, Tel. 04421/910 70, Eintritt 8 Mark, Jugendliche (7 bis 17 Jahre) 5 Mark, Familienkarte 18 Mark, Kombitickets für Wattenmeerhaus und Pottwalausstellung 12 Mark, Jugendliche unter 18 Jahren 7 Mark*

RESTAURANTS

Paninoteca
Italien in Wilhelmshaven: Tische und Stühle unterm Glasdach der Nordsee-Passage, dazu vielfältig belegte Brötchen zu jeder Tageszeit. *Bahnhofsplatz 1, Tel. 04421/428 91, So-Abend geschl., Kategorie 3*

Seglerheim am Nassauhafen
★ ✪ Ein wenig im touristischen Abseits gelegenes Restaurant mit großer Terrasse direkt an einem Yachthafen. Viele gute Fischgerichte, große Portionen, erstklassiges Preis-Leistungs-Verhältnis. Besonders lecker: Steinbeißerwürfel mit Knoblauchöl und Schollen mit Speckwürfeln. *Schleusenstr. 23, Tel. 04421/431 43, kein Ruhetag, Kategorie 3*

EINKAUFEN

Nordsee-Passage
Wetterunabhängiges Shoppen und Flanieren auf zwei Etagen am Hauptbahnhof. 60 Geschäfte auf 30 000 m² Fläche, großes Parkhaus. *Bahnhofsplatz 1, Mo–Fr 9–20, Sa 9–16 Uhr*

Frieslands Volkssport: Boßeln und Klootschießen

Kleine Landstraßen zwischen Weser und Ems sind nicht nur für Autofahrer da: Dort darf auch geboßelt werden. Dabei spielen zwei Mannschaften gegeneinander, die meist aus fünf bis 15 Spielern bestehen. Es geht darum, eine Holz- oder Gummikugel von etwa 10 cm Durchmesser aus vollem Lauf die Straße entlangzuwerfen. Sieger ist das Team, das nach einer vorher festgelegten Zahl von Durchgängen die größte Strecke zurückgelegt hat. Meist dauert der Wettbewerb zwei bis drei Stunden und führt über 5 bis 10 km. Zum Abschluss sitzt man im Winter meist beim Grünkohlessen zusammen.

Beim Klootschießen, das meist auf gefrorenen Feldern gespielt wird, wird eine bleigefüllte, 475 g schwere Holzkugel von einem mobilen Absprungbrett mit Anlauf durch die Luft geschleudert. Auch hier geht es um die zurückgelegte Gesamtwurfstrecke.

ÜBERNACHTUNG

Feuerschiff Weser

★ Origineller können Sie in Wilhelmshaven nicht wohnen: Auf dem 1907 erbauten Feuerschiff werden 16 Kojen in acht Doppelkabinen vermietet. Es gibt nur kaltes Wasser, Dusche und WC liegen ein Deck über den Kabinen. Ein Restaurant ist an Bord. *Bontekai, Tel. 04421/446 79 und 0171/800 66 15, Fax 04421/125 08, Kategorie 3*

Rüstringer Friese

Auch auf diesem Hotelschiff wird man vom Wellenschlag in den Schlaf gewiegt; statt in Kabinen mit Kojen schläft man in Zimmern mit Betten und Dusche/WC. *23 Zi., Jadestr. 66, Tel. 04421/45 43 98, Fax 45 43 99, Kategorie 1*

Seestern

Modernes Hotel im Zentrum des maritimen Wilhelmshaven schräg gegenüber vom Marinemuseum direkt auf der Südstrandpromenade. Alle Zimmer mit Blick auf den Jadebusen. *10 Zi., Südstrand 116, Tel. 04421/941 00, Fax 452 63, Kategorie 1*

SPORT UND AKTIVITÄTEN

Hafenrundfahrten

Fahrten zum Marine- und Ölhafen ab Südstrand (Helgolandkai) im Sommer täglich um 11, 13 und 15 Uhr. *Reederei Warrings, Tel. 04421/434 43, Fax 04464/949 530, 12 Mark, Jugendliche (12–18 Jahre) 10 Mark, Kinder (4–11 Jahre) 8 Mark*

Kanuverleih

Verleih verschiedener Bootstypen für mehrtägige Touren durch Friesland und Ostfriesland. *Unterwegs, Bahnhofsplatz 1, Tel. 04421/99 42 14, Fax 99 42 15*

Segeln

Segelkurse auf Katamaranen auch für Kinder, Catbootvermietung. *Catamaran-Segelschule Wilhelmshaven, Südstrand 1, Büroanschrift: Stargarder Weg 8, 26388 Wilhelmshaven, Tel. 04421/529 81, Fax 550 49*

AM ABEND

Zentrum des Wilhelmshavener Nachtlebens ist der Börsenplatz.

Pumpwerk
Das Kulturzentrum in einem ehemaligen Pumpwerk ist als Veranstaltungsort für Jazz-, Rock- und Popkonzerte, für Kleinkunstevents, Kabarett und Dichterlesungen im ganzen Nordwesten bekannt. *An der Deichbrücke, Tel. 04421/438 77, www.pumpwerk.de*

AUSKUNFT

Wilhelmshaven-Information
Bahnhofsplatz 7 (Turm Nordseepassage), 26382 Wilhelmshaven, Tel. 04421/91 30 00, Fax 913 00 10, www.wilhelmshaven.de

ZIELE IN DER UMGEBUNG

Dangast **(111/D 6)**
Das Nordseebad am Jadebusen lohnt vor allem für Kunstfreunde einen Besuch. Hier lebten und arbeiteten von 1907 bis 1912 mehrere bekannte deutsche Expressionisten der Gruppe »Die Brücke« wie Erich Heckel, Max Pechstein und Karl Schmidt-Rottluff. Von 1921 bis zu seinem Tod 1983 wirkte hier Franz Radziwill, ein Meister des Magischen Realismus. Viele seiner Werke sind in seinem ehemaligen *Wohnhaus* ausgestellt *(Sielstr. 3, Tel. 04451/27 77, April–Okt. Do–Sa 15–18, ganzjährig So 11–18 Uhr, Eintritt 5 Mark)*. Künstler der Gegenwart werden vom Wirt der Gaststätte Altes Kurhaus am Deich beim Hafen gefördert. Auf dem Außengelände sind einige moderne Plastiken zu sehen.

Jaderberg **(115/D 3)**
Die Attraktion der kleinen Gemeinde ist ein *Tier- und Freizeitpark,* der vor allem Familien anspricht. Außer 500 Tieren wie Affen, Nasenbären und Schlangen bietet er auch Fahrgeschäfte für Kinder, darunter eine Achter- und eine Wildwasserbahn. *Tiergartenstr. 69, Tel. 044547/15 15, Mitte März–Aug. tgl. 9–18, Sept./Okt. 10–17 Uhr, Winteröffnungszeiten telefonisch erfragen, Eintritt 17 Mark, Kinder (3–12 Jahre) 12 Mark*

Abendliche Impression im Expressionistenstädtchen Dangast

Im Bannkreis zweier Ströme und Hansestädte

Weite Strände und viel Kultur zwischen zwei jungen Hafenstädten

Urlaubstage an der Nordseeküste zwischen Bremerhaven und Cuxhaven verbinden das Erlebnis des offenen Meeres mit dem viel befahrener Flüsse. In die Wesermündung bei Bremerhaven laufen die Schiffe ein, die Nordenham, Brake oder Bremen ansteuern. In der noch viel geschäftigeren Elbmündung nehmen sie Kurs auf den Nord-Ostsee-Kanal und auf Deutschlands größten Hafen, Hamburg. Die alten Hansestädte Bremen und Hamburg haben das Schicksal dieser Region entscheidend mitbestimmt. Das Land Wursten, das sich entlang der Wesermündung von Bremerhaven aus nordwärts erstreckt, gehörte ab 1524 zum Erzbistum Bremen. Das Land Hadeln um Cuxhaven teilten sich die Erzbischöfe von Bremen und die Herzöge von Sachsen-Lauenburg, bevor es zum Königreich Hannover kam.

Leucht- und Radartürme markieren die Wesermündung in Bremerhaven

Cuxhaven blieb bis 1937 hamburgisch, während Bremerhaven erst 1827 von Bremen auf von Hannover angekauftem Areal gegründet wurde.

Cuxhaven und Bremerhaven sind interessante Hafenstädte. Cuxhaven lockt auch mit sehr guten Stränden, Bremerhaven mit zahlreichen Museen, Museumsschiffen und maritimen Erlebnisangeboten. Die Küstenorte dazwischen sind ebenso wie Dörfer und Städtchen im Hinterland eher ruhig und beschaulich, haben aber interessante Sehenswürdigkeiten zu bieten.

BREMERHAVEN

☛ **Stadtplan in der hinteren Umschlagklappe**

(112/A 5) Bremerhaven (127 000 Ew.) gehört nicht zu Niedersachsen, sondern zum Zwei-Städte-Staat Bremen. Es ist die größte Stadt an der Nordseeküste und nach Hamburg Deutschlands geschäftigster Handelshafen. Seine wichtigsten Standbeine sind heute der Containerhafen und

MARCO POLO TIPPS FÜR DAS LAND ZWISCHEN WESER UND ELBE

1 **Insel Neuwerk**
Zu Fuß oder mit dem Wattenwagen hin, zurück mit dem Schiff (Seite 84)

2 **Atlanticum in Bremerhaven**
Multimediales Erlebnis zum Thema Meere, Fisch und Fischerei (Seite 74)

3 **Museums-U-Boot Wilhelm Bauer in Bremerhaven**
Die Enge an Bord eines U-Bootes aus dem Zweiten Weltkrieg erleben (Seite 75)

4 **Deutsches Schifffahrts-museum in Bremerhaven**
Geschichte und Gegenwart der Seefahrt und eine 600 Jahre alte Hansekogge im Original (Seite 76)

5 **Wrackmuseum in Cuxhaven**
Erstaunlich, was alles auf dem Meeresgrund lag (Seite 82)

6 **Restaurant André Hennersdorf in Bremerhaven**
Fisch auf seine feinste Art – und dazu erlesene Weine (Seite 77)

7 **Restaurant Zur Nordseekrabbe in Cuxhaven**
Frischer Fisch so viel Sie mögen, direkt im Fischereihafen serviert (Seite 82)

8 **Ringhotel Seepavillon Donner in Cuxhaven**
Wohnen an der Alten Liebe und hören, welcher Dampfer vorbeifährt (Seite 82)

die Autoverladungsanlage, über die ein Großteil der deutschen Autoim- und -exporte abgewickelt wird. Außerdem ist Bremerhaven Deutschlands bedeutendster Fischereihafen. In der Bremerhavener Fischwirtschaft finden fast 8000 Menschen Arbeit. Die maritime Ausrichtung der Stadt zeigt sich auch an ihrer Hochschule und verschiedenen Forschungseinrichtungen wie dem Alfred-Wegener-Institut für Polar- und Meeresforschung. Hier an der Wesermündung ist auch das Deutsche Schifffahrtsmuseum angesiedelt; vom Sommer 2000 an bietet ein »Ocean Park« zusätzliche maritime Erlebniswelten.

BESICHTIGUNGEN

Atlanticum

★ Das Atlanticum ist kein Meerwasseraquarium im üblichen Stil. Es ist vielmehr eine hochmoderne, spannende und interaktive Multivisionsschau, für die Sie sich mindestens eine Stunde Zeit lassen sollten. Nordseefische schwimmen in einem 150 000-l-Aquarium um ein Wrack herum, ein Hörspiel entführt den Besucher auf die Fischauktion. Wer mag, kann ein

Modellschiff in den Fischereihafen schleusen, ein Video über die Arbeit an Bord moderner Fangschiffe anschauen, mit farbiger Kreide Fischmotive rubbeln und Seemannsknoten schlagen. Ein großes Gezeitenmodell veranschaulicht in zwölfeinhalb Minuten, was in der Natur zwölfeinhalb Stunden braucht: Ebbe und Flut. *Forum Fischbahnhof, Am Schaufenster 6, Tel. 0471/93 23 30, tgl. 10–18 Uhr, Eintritt 8 Mark*

Container-Aussichtsplattform

Von hier aus kann man gefahrlos die Arbeit im Containerhafen betrachten. *Parkplatz Nordschleuse, März–Okt. frei zugänglich*

Museumsschiff FMS Gera

Seit 1993 liegt der 1959/60 in Rostock gebaute Seitentrawler im Bremerhavener Fischereihafen. Bis 1980 ging er vor allem im eisigen Nordmeer auf Fang. *Schaufenster Fischereihafen, April, Mai, Sept., Okt. Sa/So 10–17 Uhr, Juni–Aug. tgl. 10–17 Uhr, Eintritt 3 Mark*

Museums-U-Boot Wilhelm Bauer

★ Ein Gang durch das im Zweiten Weltkrieg gebaute, über 76 m lange, aber nur 6,60 m breite Unterseeboot U 2540 macht deutlich, in welcher Enge und mit welchem Lärm und Ölgestank U-Boot-Fahrer auf ihre Höllenfahrten gingen. Da wird selbst die interessante Technik zur Nebensache. *Museumshafen, Mitte März–Okt. tgl. 10–18 Uhr, Eintritt 3 Mark*

Radarturm

Vom 106 m hohen Radarturm aus genießt man den besten Blick über die Stadt und auf die Weser. *Am Radarturm, Tel. 0471/483 50, April–Sept. Di–So 10–13 und 14–18 Uhr, Okt.–März So 10–13 und 14–17 Uhr, Eintritt 2 Mark*

Zoo am Meer

Der Zoo mit rund 1500 Tieren und über 300 Arten widmet sich zwar besonders der nordischen Tierwelt, zeigt aber auch eine Reihe exotischer Arten. Publikumslieblinge sind Robben, Eisbären, Pinguine und Schimpansen. Im Aquarium tummeln sich nicht nur Nordsee-, sondern auch Süßwasserfische. *Weserdeich, H.-H.-Meier-Str., Tel. 0471/420 71, Mai–Aug. tgl. 8–18.30, April und Sept. 8–18, Okt.–März 8–16.30 Uhr, Eintritt 4 Mark*

Aus der Arktis an die Weser: Eisbär im Zoo am Meer

MUSEEN

Auswandererausstellung Aufbruch in die Fremde

Die multimediale Ausstellung illustriert informativ und unterhaltsam das Schicksal der Amerikaauswanderer zwischen

1854 und 1907. *An der Deichpromenade neben dem Radarturm, Tel. 0471/201 38, April–Okt. tgl. 10 bis 18 Uhr, Eintritt 5 Mark*

Deutsches Schifffahrtsmuseum

★ Im Jahr 2000 ist die Ausstellungsfläche dieses deutschen Nationalmuseums für Schifffahrt durch einen Neubau von 5360 auf 8874 m² angewachsen. Der Neubau ist der Sportschifffahrt, der Fischerei und dem Walfang gewidmet. Besondere Attraktionen sind das 18 m lange Skelett eines Pottwals und der Nachbau einer historischen Kommandobrücke. Im Haupthaus sind u. a. über 500 Schiffsmodelle und viele nautische Geräte ausgestellt. Hier kann man die Luxuskabine eines Passagierschiffes aus dem Jahr 1912 sehen, das Mittelschiff eines Seitenraddampfers von 1881 betreten und in einem großen Wasserbecken auch ferngelenkte Schiffsmodelle schwimmen lassen.

Der größte Stolz des Museums ist jedoch eine 1380 gleich nach dem Stapellauf auf der Weser gesunkene Hansekogge. 1962 wurde sie zufällig auf dem Grund der Weser entdeckt und anschließend geborgen. Mitarbeiter des Schifffahrtsmuseums setzten sie seit 1972 aus über 2000 Einzelteilen wieder nahezu vollständig zusammen. Von 1982 bis 1999 wurde das Holz in einem Stahlbehälter in 800 m² Polyäthylenglykol konserviert; pünktlich zur Eröffnung der Expo 2000 in Hannover soll sie den Besuchern des Schifffahrtsmuseums erstmals präsentiert werden.

Im Museumshafen unmittelbar vor dem Schifffahrtsmuseum liegen mehrere Museumsschiffe, die ebenfalls besichtigt werden können: der Walfänger »Rau IX«, der Hochsee-Bergungsschlepper »Seefalke«, das Feuerschiff »Elbe 3« und die Dreimastbark »Seute Deern«. 1999 ist der Hafen zudem um 80 m verlängert worden; dabei hat man auch die Alte Hafenkaje aus Sandsteinquadern von 1827 wieder freigelegt. Hier sollen weitere Museumsschiffe Platz finden. *Hans-Scharoun-Platz 1, Tel. 0471/48 20 70, April–Okt. tgl. 10–18 Uhr, Nov.–März Di–So 10–18 Uhr, Museumsschiffe nur April–Sept. zugänglich, Eintritt 6 Mark*

Historisches Museum/ Morgenstern-Museum

In dem modernen Museumsbau an der Geeste illustrieren sieben Ausstellungsschwerpunkte die Geschichte der Region und der Stadt. Viel Wert wird auf die Darstellung der Lebensumstände und der Arbeitsbedingungen der Menschen gelegt. Man erfährt viel über Fischfang und -verarbeitung, über die Überseehäfen und den Containerterminal, über Werften und Schiffbau. Ein großes Modell im Maßstab 1:400 zeigt die Fischereihäfen im Jahr 1936, ein nachgebauter Luftschutzkeller macht die Kriegsleiden deutlich. *An der Geeste, Tel. 0471/201 38, Di–So 10–18 Uhr, Eintritt 4 Mark*

Phänomenta – Erfahrungsfeld

Die kleine Ausstellung macht 32 seltsame Phänomene aus Natur und Technik erfahrbar. Sie gibt aber keine Erklärungen, sondern regt zu Diskussionen an. Hier werfen die Besucher farbige

Schatten, da rollt ein Fass wie ein Bumerang zum Anstoßgeber zurück, dort löscht ein Trommelschlag eine Kerze aus – nicht nur Kinder kommen da ins Staunen. *Karlsburg 9, Tel. 0471/ 41 30 81, Di–Sa 14.30–18, So 10–17 Uhr, Eintritt 5 Mark*

RESTAURANTS

André Hennersdorf im Ratskeller

★ Das kreativste Restaurant an der Touristenmeile im Fischereihafen serviert nicht nur Fisch, sondern auch Köstlichkeiten wie Lamm oder Perlhuhn – und dazu deutsche Weine aus dem Bremer Ratskeller. *An der Packhalle IV, Nr. 4, Tel. 0471/301 09 45, Mo geschl., Kategorie 1*

Der Kutterfischer

»Schnell, schmackhaft und unkompliziert« ist das Motto dieses einfachen Restaurants am Fischereihafen. Besonders gefragt ist das große Bratkartoffelbuffet mit frischem, mariniertem und geräuchertem Fisch sowie Rührei und Krabben am Dienstag und Donnerstag jeweils von 18 bis 22 Uhr. *An der Packhalle IV Nr. 6, Tel. 0471/301 06 00, Okt. bis Himmelfahrt Mo geschl., Kategorie 3*

Natusch

Inhaber Lutz Natusch ist der einzige Restaurantbesitzer in Deutschland, der seinen Fisch direkt auf der nur 200 m vom Lokal entfernten Bremerhavener Fischauktion ersteigern darf. Frischer kann man Fisch nirgends essen. *Am Fischbahnhof 1, Fischereihafen, Tel. 0471/710 21, Mo geschl., Kategorie 1*

Dat Pannkoken-Schip Line Hinsch

Über 40 verschieden belegte Pfannkuchen, süße und herzhafte, serviert auf einem Traditionssegler. *Schaufenster Fischereihafen, Tel. 0471/498 01, kein Ruhetag, Kategorie 3*

Seute Deern

Auf dem 1919 vom Stapel gelaufenen und 1938 zur Dreimastbark umgebauten Segelschiff kann man stilvoll zum leichten Wellengeplänkel speisen. *Mu-*

»Schaufenster Fischereihafen«: Restaurantmeile für Freunde von Frischfisch

seumshafen, Tel. 0471/41 62 64, kein Ruhetag, Kategorie 1–2

EINKAUFEN

Haupteinkaufsstraße der Stadt ist der Bürger. Auch bei nassem Wetter gerät ein Bummel durch das Columbus-Center zwischen Bürger und Museumshafen zum Vergnügen. Fisch kaufen Sie am besten im Schaufenster Fischereihafen.

Fischräucherei Herbert Franke
Hier hängt der Fisch im Laden ganz frisch geräuchert noch auf den Räuchergestellen am Spieß. *Fischereihafen, Mo–Fr 7–16, Sa 7–12, So 8–12 Uhr*

ÜBERNACHTUNG

Comfort-Hotel
Modernes Haus direkt am Schaufenster Fischereihafen, mit Sauna, Solarium und Golftrainingsanlage. *114 Zi., Tel. 0471/932 00, Fax 932 01 00, Kategorie 2*

An der Karlstadt
Zentral gelegene, preiswerte Zimmer mit Pantryküche und TV in einem unter Denkmalschutz stehenden Haus; die Inhaber vermieten auch Ferienwohnungen. *10 Zi., An der Karlstadt 35, Tel. 0471/420 21, Fax 420 23, Kategorie 3*

SPORT UND AKTIVITÄTEN

Hafenrundfahrten
Von den Osterferien bis Mitte Dezember ab Anleger Neuer Hafen Süd nahe der Strandhalle zu den Überseehäfen *(Auskunft Tel. 0471/41 58 50)*. Von April bis Oktober außerdem Rundfahrten durch den Fischereihafen ab Anleger Fischereihafen I Südkaje *(Schaufenster Fischereihafen, Tel. 0471/699 99 22)*.

Strandbad
Baden darf man im Strandbad an der Weser zwar nicht, dafür aber Beachsoccer, Beachvolleyball und Handball spielen. Sonnenschirme und Strandkörbe gibt es natürlich auch. *Weserdeich südlich des Schifffahrtsmuseums, Mai–Sept. tgl. 8–19 Uhr*

AM ABEND

Gasthausbrauerei Koggen-Bräu
Freitags und samstags ist ab 20.30 Uhr Oldienight, mal mit DJ, mal mit Livemusik. Dazu darf getanzt werden. *Van-Ronzelen-Str. 18, Tel. 0471/41 77 88, Eintritt frei*

Theater
Das *Stadttheater Bremerhaven (Theodor-Heuss-Platz, Tel. 0471/490 01)* zeigt im Großen Haus fast täglich Opern und Musicals, im Kleinen Haus hoch- und niederdeutsche Schauspiele und Komödien. Theateraufführungen finden außerdem im *Theater im Fischereihafen (Am Schaufenster 6)* statt.

AUSKUNFT

Bremerhaven Touristik
Van-Ronzelen-Str. 2, 27568 Bremerhaven, Tel. 0471/946 46 11, Fax 460 65, www.seestadt-bremerhaven.de

Internet
Auf über 1100 Seiten bietet der Magistrat der Stadt unter *www.bremerhaven.de* alles, was Bremerhaven betrifft.

Tourist-Info im Columbus-Center
Tel. 0471/430 00

ZIELE IN DER UMGEBUNG

Bad Bederkesa **(112/B 4–5)**
Das Moorheilbad (5000 Ew.) liegt landschaftlich besonders reizvoll zwischen Wäldern, Feldern und leichten Anhöhen, die ihre Umgebung bis zu 297 m hoch überragen. Im Osten grenzt der Ort an den knapp 55 km langen Elbe-Weser-Kanal, den im Sommer viele Sportboote und Kabinenkreuzer nutzen. Gleich dahinter liegt der 200 ha große, aber nur bis zu 1 m tiefe Bederkesaer See, auf dem man segeln, surfen und Tretboot fahren kann. Er gilt auch als hervorragendes Angelgewässer. Ein Wanderweg führt 7 km um den See herum.

Am schönsten ist Bad Bederkesa im Dreieck zwischen Burg, Kurpark und Sportboothafen. Die schon im 12. Jh. gegründete Burg beherbergt heute ein exzellentes *Museum (Amtsstr., Tel. 04745/10 55, Mai–Sept. Di–So 10 bis 18, Okt.–April Di–So 10 bis 17 Uhr, Eintritt 4 Mark),* dessen Schwerpunkt Frühgeschichte und frühes Mittelalter bilden. Einzigartig sind die Funde aus einem Bootsgrab: ein über 4 m langer, mit Eichenbrettern verschlossener Einbaum, der als Sarg diente, und ein reich beschnitzter Stuhl, der seiner Schönheit wegen als »Thron aus der Marsch« bezeichnet wird. Das *Museum des Handwerks (Heubruchsweg 8, Tel. 04745/18 19, Di–So 11–17 Uhr, Eintritt frei)* im Alten Gaswerk zeigt historische Werkstätten und Arbeitsgeräte 15 verschiedener Handwerksberufe. Der schönste Aussichtspunkt des Ortes ist das Restaurant und Café *Dobbendeel (Tel. 04745/488, kein Ruhetag, Kategorie 2)* direkt am See auf Höhe des Sportboothafens. Auskunft: *Tourist-Information, Amtsstr. 8, 27624 Bad Bederkesa, Tel. 04745/ 943 30, Fax 94 33 22*

Elbe-Weser-Kanal bei Bederkesa: friedliches Idyll im Hinterland

Dorum **(111/F 4)**
Dorum ist zwar einer der ältesten Orte im Land Wursten, hat aber außer seiner Kirche St. Urban, deren älteste Teile noch aus dem frühen 13. Jh. stammen, keinerlei historische Bausubstanz aufzuweisen. Das *Niedersächsische Deichmuseum (Poststr. 16, Tel. 04742/10 20, Mai–Okt. tgl. 14–17 Uhr, Eintritt 3 Mark)* im Ortskern informiert sehr sachlich und ausführlich, aber wenig unterhaltsam über den Deichbau einst und jetzt, über Siele und Sieltore, über Buhnen und Sturmfluten an der Küste.

Interessanter ist die Hafensiedlung Dorumer Neufeld, wo außer Krabbenkuttern und Sportbooten auch ein *Nationalpark-Informationsschiff* liegt. Es läuft im Sommer fast täglich zu kurzen naturkundlichen Fahrten ins Wattenmeer aus (90 Minuten für 12 Mark). Informationen darüber erhalten Sie im 1999 neu gestalteten *Nationalpark-Haus* am Hafen *(Tel. 0474/28 26)*. Gleich daneben liegt das im Jahr 2000 in neuer Gestalt wieder eröffnete *Schwefelsole-Wellenfreibad,* zu dem nun auch eine großzügige Liegehalle, eine Schwimmhalle und ein Kinderspielehaus gehören.

Eine gute Idee: die *Dorumer Hafenterrasse,* eine Art Piazza am Hafen, wo Sie an Fischbuden, einer Crêperie oder einem Grill Snacks kaufen und an Tischen verzehren können *(bei gutem Wetter ca. 11–21 Uhr, Kategorie 3).*

Auskunft: *Kurverwaltung Land Wursten, Westerbüttel 8, 27632 Dorum, Tel. 04742/87 50, Fax 82 64*

Leuchtturm Roter Sand **(110/C 2)**
Der 1983–85 gebaute Leuchtturm in der Wesermündung kann seit 1999 nicht nur besichtigt, sondern auch als einzigartiges Feriendomizil gemietet werden. Freitags und sonntags legt der rund 60 Jahre alte Schlepper »Goliath« zu seiner dreistündigen Fahrt zum Leuchtturm ab und nimmt dabei bis zu 14 Tagesbesucher und sechs Übernachtungsgäste mit. Sie können wahlweise von Freitag bis Sonntag oder von Sonntag bis Freitag bleiben. Wer mag, kann sich im Leuchtturm sogar das Jawort geben. Eine frühzeitige Buchung ist sowohl für Tagesfahrten als auch für Übernachtungen unerlässlich. *Tagesfahrt 99 Mark, Wochenende 899 Mark, fünf Nächte 1490 Mark/Person inkl. Verpflegung. Auskunft: Tel. 0471/946 46 20*

Wremen **(111/F 4)**
Das Dorf ist einer der historischen Hauptorte im Land Wursten. Die auf einer hohen Wurt stehende Kirche aus dem frühen 13. Jh. ist aus rheinischem Tuffstein gebaut, der einst auf dem Seeweg hierher gebracht wurde. Nahe der Kirche finden Sie das kleine, liebevoll gestaltete *Museum für Wattenfischerei (Wurster Landstr. 118, Tel. 04705/12 17, Di–Sa 11–17, So 15–18 Uhr, Eintritt 3 Mark),* das vor allem mit Hilfe alter Fotos und guter Videofilme die Krabbenfischerei erläutert und zeigt, wie die Küstenbewohner sich früher das Wattenmeer zu Nutze machten.

CUXHAVEN

☛ **Stadtplan in der hinteren Umschlagklappe**

(112/A 2) Die Stadt an der Elbemündung (56 000 Ew.) ist nach Bremerhaven Deutschlands zweitgrößter Fischereihafen. Etwa 4000 Arbeitsplätze hängen von ihm ab. Von internationaler Bedeutung für die Schifffahrt ist Cuxhaven auch als schneller Umschlaghafen für Roll-on-roll-off-Schiffe. Durch die Zugehörigkeit vieler kleiner Ortsteile wie Duhnen und Sahlenburg, die sehr gute Sandstrände besitzen, spielt zudem der Tourismus für Cuxhaven eine bedeutende Rolle. Mit jährlich über drei Millionen Übernachtungen ist es Deutschlands führender Kurort.

BESICHTIGUNGEN

Alte Liebe

Der zweigeschossige, hölzerne Anleger an der Ausfahrt des Alten Hafens hat seit 1981 wieder die Form der Jahre 1885–1934, wird jedoch nur noch als Aussichtsplattform genutzt. Hier kann man bei schönem Wetter Stunden verbringen und den Schiffsansagen lauschen, die über Herkunft, Ziel und Größe der dicht vorüberfahrenden Schiffe informieren. Ein 10 km langer Strandwanderweg führt von hier an der Kugelbake und den Ortsteilen Döse und Duhnen vorbei bis nach Sahlenburg.

Fort Kugelbake

Die 1869 erbaute Festung sollte mit ihren Kanonen bis zum Ersten Weltkrieg feindliche Schiffe am Eindringen in die Elbmündung hindern. *Cuxhaven-Döse, nur im Rahmen von 90-minütigen Führungen zugänglich, die an der Vorverkaufskasse in der Strandstr. 80 beginnen, Voranmeldung erforderlich, Tel. 04721/40 81 88, Eintritt 5 Mark*

Kugelbake

Die 29 m hohe Kugelbake ist das Wahrzeichen Cuxhavens. Ihre Funktion als Seezeichen hat sie zwar angesichts der modernen Radarlotsung verloren, doch markiert sie noch immer den Übergang zwischen offenem Meer und Elbe. *Cuxhaven-Döse*

Schloss Ritzebüttel

Das kleine Backsteinschloss mit seinem schönen Park ist der historische Kern Cuxhavens. Um 1340 baute das einheimische Grundherrengeschlecht Lappe hier einen ersten, steinernen Wohn- und Wehrturm, der 1394 in Hamburger Besitz überging. Die Hamburger bauten ihn aus und fügten 1752 einen Ziegelbau an; 1892 wurde das Schloss noch um ein Gerichtsgebäude ergänzt. Nach sorgfältiger Restaurierung sind nun zahlreiche Innenräume wieder in historischer Gestalt zu besichtigen. Das Gerichtsgebäude dient heute für wechselnde Kunstausstellungen; im Park stehen Werke zeitgenössischer Bildhauer. *Cuxhaven-Zentrum, Südersteinstr., Tel. 04721/72 18 12, Mai–Aug. Di–Do 10–12 und 15–17, Fr 15–17, Sa/So 10–13 Uhr, Sept.–April Di/Mi 10–12, Do/Fr 15–17, Sa/So 11–13 Uhr, Führungen ganzjährig Di 10 und Sa 12 Uhr, Eintritt frei*

MUSEEN

Museumsfeuerschiff Elbe I

Das Feuerschiff lag von November 1948 bis April 1988 als schwimmendes Leuchtfeuer in der Elbmündung vor Cuxhaven. Maschinenraum, Kommandobrücke, Kombüse und Kabinen können besichtigt werden; in der ehemaligen Offiziersmesse kann man sich sogar trauen lassen. *Cuxhaven-Zentrum, Deichstr./Zollkaje, An der Klappbrücke, Tel. 04721/341 21, März–Okt. Di–So 13–18 Uhr, Eintritt 4 Mark*

Schiffsmuseum

Über 1200 Exponate hat Peter Weber auf 200 m² Fläche zusammengetragen, darunter zahlreiche Schiffsmodelle und maritime Gemälde. Besonders stolz ist er auf das größte Buddelschiff der Welt, das sogar ins Guinness-

Buch der Rekorde aufgenommen wurde. *Cuxhaven-Duhnen, Wehrbergsweg 7, Tel. 04721/481 58, März–Okt. tgl. 10–13 und 15 bis 18 Uhr, bei schlechtem Wetter durchgehend, Eintritt 4 Mark*

Stadtmuseum
Das Museum nimmt die beiden Etagen eines klassizistischen Kaufmannshauses von 1780 ein. Hier erfahren Sie viel über die Geschichte Cuxhavens und über die deutsche Marinegeschichte seit Kaiser Wilhelm II. *Cuxhaven-Zentrum, Südersteinstr. 38, Tel. 04721/628 22, Mo–Fr 9.30–13 und 15–18 Uhr, Sa 9.30–13 Uhr, Eintritt 3 Mark*

Wrackmuseum
★ In der Deutschen Bucht sind in den letzten 300 Jahren schätzungsweise 4000 Schiffe gesunken. Das 1980 aus einer Privatsammlung hervorgegangene Museum zeigt auf einem Freigelände und auf drei Etagen Wrackteile und andere Funde aus gesunkenen Schiffen. So sieht man z.B. Galionsfiguren, eine 1000 Jahre alte Ladung von Helgoländer Kupferbarren und den Enterhaken eines Piratenschiffes. Torpedos und ein vollständiges Kleinstunterseeboot aus dem Zweiten Weltkrieg sind ebenso ausgestellt wie Porzellan und minimale Kohlen- und Rostreste von der Titanic. In einer kleinen Cafeteria kann man verschnaufen, im Kinoraum Videos über Bergungsversuche betrachten. *Cuxhaven-Stickenbüttel, Dorfstr. 80, Tel. 04721/233 41, Ende März–Ende Okt. sowie in den Weihnachtsferien Di–Fr 9–13 und 15–18 Uhr, Sa/So 10–13 und 15–18 Uhr, Eintritt 4,50 Mark*

RESTAURANTS

Bohlsen Räucherfisch-Restaurant
Einfaches Fischrestaurant mit eigener Räucherei. Extrem preiswertes Frühstück mit Räucherlachs und Ei, durchgehend warme Küche. *Fischereihafen, Halle X, Niedersachsenstr., tgl. 7–20 Uhr (So erst ab 9 Uhr), Tel. 04721/250 58, Kategorie 3*

Zur Nordseekrabbe
★ Einfaches Restaurant im Fischereihafen; Fischfilets satt zu sehr günstigen Preisen. *Ohlroggestr., Tel. 04721/255 46, Di–So 11–18 (Juni–Sept. bis 21) Uhr, Kategorie 3*

Schloss-Restaurant
Regionale und junge kreative Küche in historischen Kellergewölben. Café- und Biergarten. *Schloss Ritzebüttel, Im Schlossgarten 8, Tel. 04721/635 60, Mo, Di und außer So mittags geschl., Kategorie 2*

EINKAUFEN

Werkstattladen
Maritimes, Holzspielzeug und Keramik aus einer Cuxhavener Behindertenwerkstatt. *Cuxhaven-Zentrum, Strichweg 33, Mo–Fr 8–13 und 14–17 Uhr*

ÜBERNACHTUNG

Am Meer
Preiswerte Hotelpension, seit 90 Jahren in Familienbesitz. Nur Etagenbäder. *13 Zi., Cuxhaven-Duhnen, Cuxhavener Str. 103, Tel. 04721/483 17, kein Fax, Kategorie 3*

Ringhotel Seepavillon Donner
★ Von vielen Zimmern in diesem am Anleger Alte Liebe

gelegenen Haus haben Sie einen direkten Blick auf die Elbmündung und den Schiffsverkehr auf dem Hauptschifffahrtsweg. Zum Hotel gehört auch ein Wellnessbereich mit Sauna, Whirlpools und Solarium. *50 Zi. und Apartments, Cuxhaven-Zentrum, Bei der Alten Liebe 5, Tel. 04721/56 60, Fax 56 61 30, www.ringhotels.de, Kategorie 1*

Badhotel Sternhagen
In diesem Haus am Duhnener Strand sollen die Gäste schlafen »wie auf einem Luxusliner« an Land. Man genießt einen Panoramablick auf Watt und Meer, kann sich in drei Restaurants und einer Weinlandschaft kulinarisch verwöhnen lassen und die hauseigene Badelandschaft nutzen. Buchung nur mit Halbpension möglich. *49 Zi., Suiten und Apartments, Cuxhaven-Duhnen, Cuxhavener Str. 86, Tel. 04721/43 40, Fax 43 44 44, Kategorie 1*

SPORT UND AKTIVITÄTEN

Minizüge
Offene Strandbahnen auf Gummirädern verbinden zwischen April und Oktober die Alte Liebe mit dem Strandbad Kugelbake und die Kugelbake mit Sahlenburg. Ein dritter Miniaturzug, die Ritzebüttler Schlossbahn, fährt von der Alten Liebe aus auf einstündige Stadt- und Hafenrundfahrten mit sachkundigen Kommentaren.

AUSKUNFT

Kurverwaltung
Cuxhaven-Duhnen, Cuxhavener Str. 92, 27476 Cuxhaven, Tel. 04721/40 41 42, Fax 490 80

Zimmervermittlung
Für jeden Stadtteil von Cuxhaven gibt es eine eigene Zimmervermittlung. Adressen nennt die Kurverwaltung.

ZIELE IN DER UMGEBUNG

Altenbruch **(112/B 2)**
Der verwaltungsmäßig zu Cuxhaven gehörende, noch recht beschauliche Ort besitzt eine der größten *Dorfkirchen* an der Küste, die wie städtische Domkirchen sogar zwei Spitztürme zieren. Der gesamte Bau ist fast 60 m lang. Besonders beachtenswert sind der 1504 entstandene Eichenholzaltar und der bronzene Taufkessel aus dem frühen 14. Jh. *Tel. 04722/25 14, Mai–11. Okt. tgl. 14–17 Uhr, Eintritt frei*

Lüdingworth **(112/B 2)**
Die Dorfkirche von Lüdingworth, *St. Jacobi,* fasziniert mit ihrer Schönheit sogar Besucher, die Kirchen nur ungern betreten. Die recht niedrige Holzbalkendecke mit 16 Feldern aus dem späten 16. Jh. ist nicht nur mit Ornamenten, sondern auch mit den Wappen von Bauerngeschlechtern sowie alttestamentarischen Königen und Propheten bemalt. Entlang der Nordwand verläuft eine 11 m lange, mit reichem Rokokoschnitzwerk verzierte und ebenfalls bemalte Empore. Die Westempore wird fast vollständig von einer sorgfältig restaurierten, frühbarocken Orgel eingenommen. Die große Kanzel zieren farbig bemalte, figurenreiche Reliefs mit Darstellung neutestamentarischer Ereignisse. Meisterwerke der Schnitzkunst sind auch der Hauptaltar aus dem Jahr 1665

und der um 1440 entstandene Flügelaltar an der Nordseite des Chores. *April–Okt. tgl. 9–17 Uhr, Führungen So 11 Uhr, Tel. 04724/16 83, Eintritt frei*

Neuwerk **(111/F 1)**

★ Kein Besuch im Cuxhavener Land ist vollständig ohne einen Ausflug zur Insel Neuwerk, die zum Bundesland Hamburg gehört. Der Weg selbst ist das größte Erlebnis: Man erreicht die Insel entweder auf einer 10 km langen, geführten Wattwanderung, mit der Wattenkutsche von Duhnen und Sahlenburg aus oder per Schiff in 90-minütiger Fahrt ab Cuxhaven/Alte Liebe. Man kann die drei Reisearten auch miteinander kombinieren – und wenn man ein Pferd besitzt oder mietet, auch hinüberreiten.

Die nur 3 km² große Insel in der Elbmündung ist Teil jenes niedersächsischen Marschenlandes, das im frühen Mittelalter in einer verheerenden Sturmflut unterging. 1299–1310 bauten die Hamburger darauf einen 45 m hohen *Turm* als Seezeichen, der heute der älteste erhaltene Leuchtturm der Welt ist. Von da an hieß die Insel Nige Wark, neues Werk. Über 138 Stufen kann man seine Aussichtsplattform besteigen; bereits in der ersten Etage liegt die gemütliche *Turmschenke (Tel. 04721/291 42, Kategorie 2)*. Eine weitere Sehenswürdigkeit ist der *Friedhof der Namenlosen* nahe dem Beginn des Wattenweges nach Sahlenburg und Duhnen, auf dem jahrhundertelang angespülte Leichen beigesetzt wurden. Ein kleiner Badestrand ist im Norden der Insel zu finden, die Sie in einer Stunde Gehzeit bequem umrunden können. Wer Glück hat, findet dabei vielleicht auch angespülte Bernsteine, wie sie während der Schiffsliegezeiten im *Haus Bernstein (Tel. 04721/287 08)* besichtigt werden können. Fürs leibliche Wohl sorgen auf Neuwerk mehrere Restaurants und Gartenlokale. Zum Übernachten stehen etwa 130 Gästebetten zur Verfügung. Ganzjährig geöffnet ist nur die *Pension Nige Hus (2 Gruppenräume für je 12 Pers., 1 EZ, 2 DZ und 4 Apartments, Tel. 04721/295 61, Fax 288 25, Kategorie 2–3)*.

Schiffsfahrpläne, Adressen von Wattführern und Wattenwagenunternehmen sowie ein vollstän-

Der Weg ist das Ziel: Kutschfahrt durchs Watt nach Neuwerk

diges Unterkunftsverzeichnis kann bei der Kurverwaltung Cuxhaven angefordert werden.

Nordholz **(112/A 3)**
Die Gemeinde Nordholz (7300 Ew.) besteht aus sieben ehemals selbstständigen Ortschaften. Luftfahrtbegeisterte lockt das *Aeronauticum* *(Peter-Strasser-Platz 3, Autobahnabfahrt Nordholz, Tel. 04741/94 10 74, März–20. Juni und Sept./Okt. Mo–Sa 13–17, So 10–18 Uhr, 21. Juni–Aug. tgl. 10 bis 18 Uhr, Eintritt 6 Mark)* am östlichen Ortsrand von Nordholz. In der Museumshalle wird die Geschichte der Zeppeline anschaulich, die nicht nur dem Personentransport dienten, sondern im Ersten Weltkrieg auch für Bombenabwürfe genutzt wurden. Eine kleinere Abteilung illustriert die Geschichte der Marinefliegerei. Im Außengelände sind zwei Hubschrauber der DDR-Volksmarine und zehn Originalflugzeuge von der DO-28 bis zum Starfighter zu sehen. Flugsimulatorfans können an der Museumskasse sehr preiswert recht aktuelle Luftfahrtkarten kaufen, wie sie auch die Luftwaffe benutzt.

Amüsant gerät ein Besuch im *Kuriosen Muschelmuseum (Mühlenstr. 71, Tel. 04741/13 93, April–Okt. Di–So 14–17 Uhr, 15. Juli–15. Aug. auch 10–12 Uhr, Eintritt 2,50 Mark),* in dem der Berliner Dieter Schroeter etwa 2000 Muscheln und Meeresschnecken aus aller Welt zusammengetragen hat. Ihnen sind keine wissenschaftlichen Namen zugeordnet, sondern assoziative Titel, die zum Schmunzeln anregen.

Einen besonders schönen *Sielhafen,* in dem noch sechs Krabbenkutter beheimatet sind, besitzt *Spieka-Neufeld.* Er ist nicht wie so viele andere verbaut und von Zement, sondern von grünen Weiden umgeben; vom Anleger bis zum Meer schwingt sich der Sielabfluss wie ein Fluss durchs Grün. Am Sielausgang steht das äußerlich sehr einfache *Containerrestaurant Ebbe und Flut (Tel. 04741/23 28, Mai–Sept. tgl. 11–21 Uhr, Kategorie 3)* mit nur sechs Tischen, dessen Wirt frischen Fisch und Krabben in großen Portionen serviert, dazu marktfrische Gemüse und Salate. Gleich daneben beginnt der Grünbadestrand mit einigen wenigen Strandkörben und einer DLRG-Station.

Wer hingegen mehr Trubel schätzt oder hüllenlos baden will, findet beides im Nachbarort *Cappel-Neufeld (FKK-Badestrand mit Campingplatz Mai–Mitte Sept., Tel. 04742/17 39).*

Scharhörn **(111/E–F 1)**
Die nur 1,5 km² kleine Insel am nördlichen Ende der Wattzunge, die sich von Cuxhaven aus 20 km weit in die Nordsee erstreckt, steht bereits seit 1939 unter Naturschutz. Hier lebt nur ein Vogelwärter; Gesellschaft leisten ihm bis zu 100 000 Vögel. Besonders zahlreich sind See- und Brandseeschwalben. Auf Scharhörn gibt es weder Übernachtungsmöglichkeiten noch Restaurationsbetriebe. Man kann die Düneninsel nur im Rahmen einer geführten, hin und zurück etwa vierstündigen Wattwanderung von Neuwerk aus erreichen. Auskunft: *Reederei Cassen Eils, Bei der Alten Liebe 12, 27472 Cuxhaven, Tel. 04721/322 11, Fax 311 61*

Einkaufsparadies im Felsenwatt

Der »rote Felsen im Meer« ist Deutschlands einzige Hochseeinsel

70 km vor der Festlandsküste ragt ein Buntsandsteinfelsen aus der Nordsee, der seine rötliche Farbe einem hohen Eisengehalt verdankt: Helgoland. 61 m ist er hoch, 2 km lang und bis zu 600 m breit. Er ist nicht ganz allein, denn zu Helgoland gehört auch die Düne genannte Nachbarinsel. Sie wurde 1721 durch eine Sturmflut abgetrennt und hat keine ständigen Bewohner. Für Helgoland ist sie wegen ihres Flugplatzes und ihres guten Sandstrandes von Bedeutung; außerdem sonnen sich hier neben den Badegästen auch bis zu 350 Seehunde und Kegelrobben.

Die nur 1 km² große Hauptinsel mit ihren 1650 Einwohnern und die 0,7 km² große Düne ruhen auf einem über 5 km² großen Felssockel, der bis in eine Tiefe von 48 m reicht. Weite Teile des Sockels fallen bei Niedrigwasser trocken und bilden ein einzigartiges Felswatt mit einer besonders schützenswerten Flora und Fauna.

Die »Lange Anna« war noch bis vor 140 Jahren eine »runde Anna«: Erst die Nordsee machte sie so schlank

Jahrhundertelang lebten die Helgoländer, die sich in ihrem Platt als »Halluner« bezeichnen, von der Fischerei, der Verwertung angeschwemmten Strandguts und sicherlich gelegentlich von der Piraterie. Seit dem späten 17. Jh. fanden sie dann auch Beschäftigung als Lotsen in der Deutschen Bucht.

Politisch gehörte die Insel zeitweise zu Schleswig und zu Dänemark, seit 1807 dann zu England. Der deutsche Kaiser Wilhelm II. tauschte sie gegen die Insel Sansibar vor der Küste Ostafrikas ein, sodass Helgoland am 10. August 1890 ins Deutsche Reich eingegliedert werden konnte. Nun wurde es zu einem bedeutenden Marinestützpunkt und musste dafür in beiden Weltkriegen bitter bezahlen: Die Bevölkerung wurde jeweils evakuiert. Am 18./19. April 1945 zerstörten britische Bomben die Insel fast vollständig; weitere Schäden richteten britische Sprengversuche militärischer Anlagen und Bombenabwürfe zu Übungszwecken an. Erst am 1. März 1952 konnte mit dem Anschluss an die Bundesrepublik der Wiederaufbau auf Helgoland

MARCO POLO TIPPS FÜR HELGOLAND

1 Lange Anna
Das Wahrzeichen Helgolands ist in Gefahr (Seite 89)

2 Restaurant Galerie im Hotel Insulaner
Modernes Ambiente und viele Variationen vom Dorsch (Seite 90)

3 Lummenfelsen
Nistplatz der Alken, Erlebnis des Lummensprungs (Seite 89)

4 Hotel Hüs Weeterkant
An der Uferpromenade wohnen und zwischen vielen Blumen frühstücken (Seite 90)

beginnen. Heute lebt die Insel vor allem vom Tourismus. Über 2100 Betten stehen Übernachtungsgästen zur Verfügung; bis zu 6000 Tagesgäste nutzen im Sommer die Möglichkeit, auf Helgoland steuerbegünstigt einkaufen zu können. Zweimal im Monat kommen ein Kinder- und ein Frauenarzt auf die Insel, andere Fachärzte nur einmal pro Monat. (**110/A-B 1-2**)

INSELRUNDGANG FÜR TAGESBESUCHER

Die meisten Ausflugsschiffe dürfen nicht im Hafen festmachen, sondern müssen auf der Reede vor Anker gehen. Die Passagiere steigen dann in Börteboote um: offene Motorboote aus Eichenholz, die bis zu 50 Personen wacklige Steh- und Sitzplätze bieten (Katamarane legen hingegen im Südhafen an).

Vom Börtebootanleger bummeln Sie dann am besten zunächst durch die Hauptstraße des Helgoländer Unterlands, den Lung Wai, zum Fahrstuhl oder zur 256-stufigen Treppe aufs Oberland. Sie können es auf einem etwa 3 km langen Klippenrandweg umrunden und kommen dabei auch an der Langen Anna und am Lummenfelsen vorbei. Anschließend bleibt noch Zeit für einen Gang zum Südhafen, wo sich mehrere Kunstgalerien angesiedelt haben.

BESICHTIGUNGEN

Aquarium

Fische und anderes Meeresgetier aus der Nordsee, tote Hummer in allen Größen und ein enttäuschend kleines und trübes Seehundbecken. *Institut für Meeresbiologie, Kurpromenade, April–Sept. Mo–Fr 10–17, Sa/So 13–16 Uhr, Eintritt 5 Mark*

Bunker

Ein Besuch in den Helgoländer Felsbunkern aus dem Zweiten Weltkrieg ist nur im Rahmen von Führungen möglich, die zwischen Mai und September dreimal wöchentlich angeboten werden. Auskunft gibt die Helgoland Touristic GmbH.

Fallersleben-Denkmal

Die Büste des Hoffmann von Fallersleben (1798–1874) erinnert daran, dass der Dichter 1841 auf Helgoland den Text des Deutschlandlieds schrieb, dessen dritte Strophe zur deutschen Nationalhymne wurde. *Am Beginn des Börtebootanlegers*

Friedhof der Namenlosen

Mitten in den Dünen von Helgolands Badeinsel haben die Helgoländer schon seit langer Zeit Menschen in Seesäcken beigesetzt, deren Leichen vom Meer angespült worden waren. Ein Gottesdienst findet hier im Hochsommer an jedem Montagabend statt.

Lange Anna

★ Der 48 m hohe, frei stehende Felsen unmittelbar vor der Küste war bis 1860 durch einen natürlichen Felsbogen mit der Insel verbunden. Solche Tore hatte die Brandung immer wieder in die Felsen geschlagen, und immer wieder waren sie eingebrochen. Um das völlige Verschwinden des Helgoländer Wahrzeichens zu verhindern, baute man eine 1300 m lange Uferschutzmauer, die leider keine optische Zierde ist. Sie reicht aber nicht mehr aus, neue Schutzmaßnahmen werden diskutiert.

Lummenfelsen

★ Der Lummenfelsen ist Deutschlands kleinstes Naturschutzgebiet. Zwischen Mitte April und Juli nisten hier etwa 2500 Trottellummen-Brutpaare auf extrem schmalen Felsbändern. Jedes Weibchen dieser Alkenart legt nur ein Ei, das so geformt ist, dass es nicht herunterrollen kann. Noch bevor die Jungvögel flügge sind, springen sie vom Felsen ins Meer. Diesen einzigartigen »Lummensprung« können Sie von Anfang Juni bis Juli jeweils in der Abenddämmerung am Lummenfelsen erleben. Am besten informieren Sie sich zuvor in der *Lummenfelsausstellung (Hummerbude 35, tgl. 13.15 bis 16 Uhr, Eintritt frei)* des Vereins Jordsand, der mehrmals wöchentlich auch Führungen am Lummenfelsen veranstaltet.

Vogelwarte

Die Vogelwarte auf dem Oberland widmet sich vor allem der Erforschung der Zugvögel und beringt zu diesem Zweck jedes Jahr im Frühjahr und Herbst etwa 15 000 der auf Helgoland rastenden Vögel. *Führungen 15. März–15. Okt. Di und Fr 16.30 Uhr, sonst nur nach Vereinbarung, Tel. 04725/306, Spende erbeten*

MUSEEN

Für Tagesausflügler lohnt der Besuch in den beiden Inselmuseen nur bei sehr speziellem Interesse!

Fossilien- und Muschelmuseum

Privates Einraummuseum. *Friesenstr., Tel. 04725/12 61, Di–So 13–16, Di–Do auch 19–21 Uhr, Eintritt 3 Mark*

Museum Helgoland

Wechselausstellungen mit Bildern und Objekten aus der Helgoländer Geschichte. *Nordseehalle, Kurpromenade, Tel. 04725/12 92, tgl. 10–16 Uhr, Eintritt 3 Mark*

RESTAURANTS

Café Krebs

Terrassencafé mit Wintergarten, in dem kostenlos Ferngläser für die Gäste bereitliegen, um Reede und Düne genauer in Augenschein zu nehmen. Abends können Sie im Café auf der anderen Straßenseite täglich um 20.30 ein Helgoland-Video sehen. *Norder Falm, Tel. 04725/213, Mo-Abend geschl., Kategorie 2*

Galerie im Hotel Insulaner

★ Modern eingerichtetes Restaurant mit regionaler und saisonaler Küche, bekannt für seine Variationen vom Dorsch. *Am Südstrand 2, Tel. 04725/814 10, kein Ruhetag, Kategorie 2*

Weddig's Fischerstube

Uriges Fischrestaurant, das auf Vorbestellung auch Hummer portionsweise serviert. *Friesenstr. 61, Tel. 04725/72 35, kein Ruhetag, Kategorie 2*

Windrose

Einfaches, kneipenähnliches Restaurant im Oberland, das abends Knieper (Scheren des Taschenkrebses) auch als kleine Portion zum Kennenlernen serviert. *Hingstgars 444, Tel. 04725/71 88, Mi geschl., Kategorie 3*

EINKAUFEN

Die Preise für Tabakwaren und Spirituosen sind weitgehend einheitlich; Preisunterschiede gibt es jedoch bei Parfums, Süßwaren und Butter. Zollfrei mitnehmen dürfen Personen über 16 Jahre u. a. 200 Zigaretten, 1 l Spirituosen über 22 Prozent, 5 kg Butter und 50 g Parfum.

La Paz Zigarren

Feine Zigarren aus der Klimakammer, große Pfeifenauswahl. *Lung Wai 27 (im Hotel Atoll)*

Men's Shop

Exklusive Mode für Herren, z. B. von Joop, van Laack und Aigner. *Lung Wai 42*

Parfümerie Falm

Zigaretten und Spirituosen zu Standardpreisen, aber mit dem Vorteil, dass gekaufte Waren kurz vor der Abfahrt zum Anleger gebracht werden. *Am Falm/Kieler Str. 308*

Scotch Shop

Sportliche Mode aus England und Schottland. *Siemensstr. 140*

ÜBERNACHTUNG

Atoll

1999 eröffnetes Designerhotel im Stadtzentrum, Gourmetrestaurant, Schwimmbad und Sauna im Haus. *47 Zi., Lung Wai 27, Tel. 04725/80 00, Fax 80 04 44, www.atoll.de, Kategorie 1*

Dünenblick

Zentral gelegene Pension an der ruhigen Uferpromenade zwischen Börtebootanleger und Aquarium. *10 Zi., Prof.-Heinke-Str. 30, Tel. 04725/813 50, Fax 81 35 25, Kategorie 2*

Helgoland/Schwan

Zwei unmittelbar aneinander gebaute Hotels unter gleicher Leitung, ganz zentral gelegen. Betten mit Überlänge, Bar und Restaurant im Haus. *31 Zi., Am Südstrand 16–17, Tel. 04725/815 30, Fax 81 53 55, Kategorie 1*

Hüs Weeterkant

★ Hotel garni an der Uferpromenade; besonders blumenreiche Frühstücksterrasse auf der Seeseite. Sauna im Haus. *12 Zi.,*

Am Südstrand 5, Tel. 04725/81 70, Fax 817 17, Kategorie 1

Insulaner
Das Haus auf der Südseite der Insel besitzt einen eigenen, heckenumwucherten Garten; die Inhaberfamilie bemüht sich sehr um ihre Gäste. *35 Zi., Am Südstrand 2, Tel. 04725/814 10, Fax 81 41 81, Kategorie 1*

Privatzimmer
Wer weniger als 50 Mark pro Person ausgeben will, wählt angesichts des hohen Preisniveaus ein Privatzimmer (ab 25 Mark pro Person). *Vermittlung durch die Helgoland Touristic GmbH*

SPORT UND AKTIVITÄTEN

Inselrundfahrten
Inselrundfahrten per Schiff werden je nach Saison und Wetterlage mit Börtebooten und einmal wöchentlich auch mit einem schnellen Katamaran angeboten. Auskunft gibt die Helgoland Touristic GmbH.

Inselrundflüge
Zwei- bis viermal wöchentlich führt die OLT Inselrundflüge mit Propellermaschinen durch. *Anmeldung am Flughafen, Tel. 04725/411, 45 Mark pro Person, Mindestteilnehmerzahl 7 Personen*

Schwimmbad
Meerwasserschwimmbad mit einer Wassertemperatur von mindestens 25 Grad. Im Freigelände werden auch Strandkörbe vermietet. *Nord-Ost-Gelände, Tel. 04725/814 60, wechselnde Öffnungszeiten*

AM ABEND

Von einem pulsierenden Nachtleben kann selbst im Hochsommer nicht die Rede sein. Zum Tanzen geht man in die *Diskothek Krebs (tgl. ab 20 Uhr)* über dem gleichnamigen Café im Oberland oder in die *Tanzbar Acci (ab 21 Uhr)* neben dem Aquarium.

AUSKUNFT

Helgoland Touristic GmbH
Auch Zimmervermittlung, Verkauf von Fahrkarten und Flugtickets, Karten für Veranstaltungen und Führungen. *Im Rathaus, Lung Wai 28, 27498 Helgoland, Tel. 04725/81 37 11, Fax 81 37 25*

»Land in Sicht!« Sitzen Sie endlich im Börteboot, ist's nicht mehr weit

Aale und Moore, Künstlerdorf und Kaufmannsstadt

Die hier beschriebenen Routen sind in der Übersichtskarte im vorderen Umschlag und im Reiseatlas ab Seite 108 grün markiert

① ÜBER DIE DEUTSCHE FEHNROUTE IN DIE RESIDENZSTADT OLDENBURG

Diese knapp 100 km lange Tour führt Sie von Aurich über die Deutsche Fehnroute an Kanälen entlang ins Blumenparadies Wiesmoor und durch das Ammerland nach Oldenburg. Sie können sie auch zweiteilen und am ersten Tag nur bis Bad Zwischenahn fahren, um dann Oldenburg einen ganzen Tag zu widmen.

Folgen Sie in *Aurich (S. 26)* den Wegweisern nach *Ihlowerfehn* mit seinen drei weißen holländischen Klappbrücken und dem 350 ha großen *Ihlower Forst* links der Straße, in dem die Wallanlagen eines mittelalterlichen Zisterzienserklosters zu erkennen sind. Hinter Ihlowerfehn biegen Sie links nach Westgroßefehn ab und kommen über eine schmale Landstraße zur *Kunstscheune in Lübbertsfehn (Tel. 04945/1674, Mo 14–24, Di–So 10–24 Uhr)*, wo Sie in sehr geschmackvoll eingerichtetem Ambiente Kaffee trinken können.

In *Westgroßefehn* mit dem sehenswerten *Fehnmuseum (Tel. 04945/91939, Di–So 10–17 Uhr, Spende erbeten)*, das über Leben und Arbeit im Moor informiert, erreichen Sie den Großefehnkanal, dessen Verlauf Sie nun folgen. Weiße Klappbrücken überspannen ihn, Windmühlen säumen seine Ufer. Mehrfach passieren Sie Schleusen.

Nächstes Ziel ist *Wiesmoor* mit seinen vielen Gärtnereien und Baumschulen. In der *Blumenhalle (Dahlienstr., tgl. 10–18 Uhr, Eintritt 5 Mark)* zeigen die hiesigen Gärtnereien ihr Können; gleich nebenan informiert das *Torf- und Siedlungsmuseum (tgl. 10–18 Uhr, Eintritt 2 Mark)* über Leben und Arbeit im Moor. Bis kurz vor Remels geht es dann am Nordgeorgsfehner Kanal entlang, dann über Westerstede durch die Parklandschaft des Ammerlandes nach Bad Zwischenahn am *Zwischenahner Meer.* Es ist Niedersachsens drittgrößter Binnensee, 526 ha groß, aber nur maximal 6 m tief.

Bad Zwischenahn ist ein geschäftiges Moorheilbad mit zahlreichen Kureinrichtungen, brandneuem *Golfplatz (Tel. 04403/638 66)* und *Spielkasino (So–Do 14–2, Fr/Sa 14–3 Uhr, Eintritt 5 Mark).* Bleiben Sie auf der ufernahen Straße, erreichen Sie den Marktplatz Am Brink mit der schönen *St.-Johannes-Kirche (tgl. 10–17 Uhr)* aus dem 13./14. Jh., die zu mehr als einem Drittel von einer bemalten Holzempore überspannt wird. Zu ihren Kunstwerken gehören ein figurenreicher Flügelaltar aus der Zeit um 1500 und eine Darstellung des Jüngsten Gerichts aus dem Jahr 1512 im Chorgewölbe. Einen zweiten Stopp lohnt das *Freilichtmuseum Ammerländer Bauernhaus (April–Sept. tgl. 10–18, Okt.–März 10–17 Uhr, Eintritt 2 Mark)* am Seeufer, dessen Haupthaus aus dem Jahre 1672 stammt. Im dazugehörigen Speicher und unter den Apfelbäumen davor serviert das *Restaurant Spieker (Am Hogen Hagen 4, Tel. 04403/23 24, kein Ruhetag, Kategorie 2)* die Spezialität der Region, Zwischenahner Räucheraale. Nach dem Essen wäscht man sich die Hände mit Schnaps, zwischendurch und hinterher trinkt man einen Korn aus dem eisgekühlten Zinnlöffel. Wer Aal nicht mag, kann hier auch ein Brot mit dem berühmten Ammerländer Schinken genießen.

Die Residenz- und Universitätsstadt *Oldenburg* (154 000 Ew.) sollten Sie vor 15 Uhr erreichen, wenn Sie die beiden größten Sehenswürdigkeiten noch am selben Tag besuchen wollen: das *Oldenburgische Landesmuseum (Di–Fr 9–17, Sa/So 10–17 Uhr, Eintritt 4 Mark, auch gültig für Augusteum)* im Renaissanceschloss aus dem 17. Jh. und die *Lamberti-Kirche (Di–Fr 11–12.30 und 14.30–17, Sa/So 11–12.30 Uhr, Eintritt frei).* Die Kirche überrascht jeden Besucher, weil sie sich von außen nicht als Rundbau zu erkennen gibt: Die klassizistische Rotunde von 1797 wurde im 19. Jh. mit einer neugotischen, länglichen Hülle umgeben. Im Museum im Schloss werden u. a. zahlreiche Gemälde gezeigt, darunter eine Sammlung mit Idyllen des einstigen Hofmalers Johann Heinrich Wilhelm Tischbein, sowie Werke des berühmten Bildschnitzers Ludwig Münstermann.

Zwei weitere Museen sind ebenfalls von überregionaler Bedeutung: das *Augusteum (Elisabethstr. 1a, Di–Fr 9–17, Sa/So 10–17 Uhr, Eintritt 4 Mark, auch gültig für Landesmuseum)* mit Werken von Malern des 20. Jhs., darunter Emil Nolde, Franz Radziwill und Heinrich Vogeler, und das *Museum für Naturkunde und Vorgeschichte (Damm 40–44, Di bis Do 9–17, Fr 9–15, Sa/So 10 bis 17 Uhr, Eintritt 3 Mark)* mit einer Moorleiche und anschaulichen Darstellungen vorgeschichtlicher Lebensweisen.

Die Museen sind aber nicht die einzigen Attraktionen in Oldenburg: Die Stadt lockt auch viele Besucher, sogar aus Holland und Bremen, zum Shopping an, weil an den schmalen, autofreien Straßen der Innenstadt viele nicht zu großen Ketten gehörende Einzelhandelsgeschäfte zu finden sind. Parken können Sie am besten auf dem kostenlosen P-&-R-Parkplatz an der Autobahnabfahrt Marschweg, von dem Sie Busse im Zehnminutentakt (sonntags halbstündlich) in die Innenstadt bringen (Fahrpreis hin und zurück 2 Mark). Auskunft: *Verkehrsverein, Wallstr. 14, 26122 Oldenburg, Tel. 0441/157 44, Fax 248 92 02, www.oldenburg.de*

② DURCH WÄLDER UND MOOR NACH WORPSWEDE UND BREMEN

Eine ganz andere Landschaft als in Ostfriesland erwartet Sie auf dieser etwa 80 km langen Tagestour über stille Nebenstraßen zwischen den beiden Städten des kleinsten deutschen Bundeslandes, zwischen Bremerhaven und Bremen. Sie durchqueren die Wälder der Geest und kommen durch das im Wortsinne malerische Teufelsmoor ins Künstlerdorf Worpswede. Den Nachmittag und Abend können Sie dann in Bremen verbringen.

Die Fahrt beginnt an der Autobahnausfahrt 9 Bremerhaven-Wulsdorf. Dass Sie sich nicht mehr in der Marsch, sondern auf der Geest bewegen, merken Sie am bewegten Bodenrelief. In der Eiszeit durch die Gletscher von Skandinavien herantransportierte Findlinge säumen private und öffentliche Gärten und Rasenflächen, kleine Wälder bedecken Teile der sanft gewellten Landschaft. In Beverstedt verlassen Sie dann die B 71 und biegen auf die besonders waldreiche Strecke in Richtung Hambergen ab. Dort folgen Sie den Wegweisern zur B 74 nach Bremen, die Sie bei Pennigbüttel wieder verlassen, um durchs *Teufelsmoor* Richtung Worpswede zu fahren.

Buchen und Felder weichen hier Birken und feuchten Wiesen, die von vielen Entwässerungsgräben durchzogen werden. Aus der völlig flachen Niederung, die von der Hamme durchflossen wird, ragt weithin sichtbar ein 51 m hoher Hügel aus Lehm und Sand auf, den man hier stolz den Weyerberg nennt. Genau dort liegt *Worpswede.* 1889 ließen sich die Maler Fritz Mackensen, Otto Modersohn und Hans am Ende in dem stillen, armen Moordorf nieder, drei Jahre später gesellten sich drei weitere hinzu, darunter Heinrich Vogeler. Diese »Künstlervereinigung« errang bald große Erfolge, lockte weitere Künstler an, darunter die Malerin Paula Modersohn-Becker, den Architekten Bernhard Hoetger und den Dichter Rainer Maria Rilke. Auch heute leben hier zahlreiche – freilich weniger bekannte – Künstler und Kunsthandwerker. Im Ort gibt es allein 16 Galerien, acht Töpfereien und sieben Gold- und Silberschmiede.

Ein Ortsrundgang, für den Sie mindestens drei Stunden veranschlagen sollten, beginnt am besten am *Philine-Vogeler-Haus,* in dem die *Gästeinformation* untergebracht ist *(Bergstr. 13, 27726 Worpswede, Tel. 04792/95 01 21, Fax 95 01 23, www.worpswede.de, kostenloser Ortsplan hier erhältlich).* Schräg gegenüber liegen das *Ludwig-Roselius-Museum für Frühgeschichte* und die *Große Kunstschau* mit Werken der alten Worpsweder und zeitgenössischer Künstler *(beide Lindenallee 3, tgl. 10–18 Uhr, Kombiticket 5 Mark).* Ein kurzer Spaziergang führt zum *Haus im Schluh (Im Schluh 35–37, tgl. 14–18 Uhr, im Winter Mo geschl., Eintritt 4 Mark)* mit Werken Heinrich Vogelers, einer Handweberei und einer sehr stimmungsvollen Pension in zwei alten Fachwerkhäusern. Noch mehr Kunst präsentiert die *Worpsweder Kunsthalle (Bergstr. 17, tgl. 10–18 Uhr, Eintritt 5 Mark).*

Wenn Sie dann noch Zeit und Lust haben, gehen Sie zunächst zum *Barkenhof (Ostendorfer Str. 10, tgl. 10–18 Uhr, Eintritt 4 Mark),* dem einstigen Wohnhaus Heinrich Vogelers mit Ausstellungen zu Heinrich Vogeler und zur Worpsweder Kunstgeschichte. Von dort geht es weiter zum *Weyerberg* mit dem von Bernhard Hoetger geschaffenen, *Niedersachsenstein* genannten Friedensdenkmal und dem *Restaurant Kaffeehaus Niedersachsen (Am Thiergarten 2, Tel. 04792/12 31, Kategorie 2)* mit einer Bildersammlung, großem Kaffeegarten und norddeutscher Küche. Als Alternative fürs Mittagessen bietet sich der am besten mit dem Auto anzusteuernde *Worpsweder Bahnhof* an, den Heinrich Vogeler 1910 gestaltete und einrichtete *(Bahnhofstr. 17, Tel. 04792/10 12, kein Ruhetag, Kategorie 2).*

Auf der Weiterfahrt nach Bremen überqueren Sie die Wümme und folgen den Wegweisern in die Innenstadt. Wer Parkproblemen und -kosten sowie Staus aus dem Weg gehen will, parkt seinen Wagen schon vorher in Lilienthal und fährt mit der Buslinie 30 oder 30 S bis zur Endstation Domsheide in der Bremer Innenstadt.

Der Stadtrundgang beginnt am *Bremer Dom (Mo–Fr 10–17, Sa 10–14, So 14–17 Uhr).* Er erhebt sich bereits seit dem 11. Jh. auf einer alten Düne. Vom Glockenhof neben dem Dom aus ist der *Bleikeller (Ostersamstag–1. Nov. Mo–Fr 10–17, Sa 10–13, So 14–17 Uhr, Eintritt 2 Mark)* zugänglich, in dem mehrere sehr gut erhaltene deutsche Mumien aus dem 17. und 18. Jh. in ihren Särgen zu sehen sind. Durch welchen Zufall sie mumifiziert wurden und wie sie in diesen Keller gelangten, ist bis heute nicht geklärt.

Der Dom grenzt an den Bremer *Marktplatz,* der von mehreren historischen Gebäuden gesäumt wird. Er ist ein idealer Platz für eine Kaffeepause. Dabei blicken Sie auf die prächtige Fassade des *Rathauses,* eines der bedeutendsten Werke der Weser-Renaissance, und auf das moderne Gebäude der *Bremer Bürgerschaft,* wie das Parlament des Stadtstaates genannt wird. Seit 1404 steht die 5,55 m hohe Figur des Roland auf dem Marktplatz, Symbol der bremischen Freiheit. Sehr viel jünger ist die kleine *Bronzeskulptur der Bremer Stadtmusikanten* links vom Eingang zum *Ratskeller,* in dessen Gewölben weit über 600 verschiedene, ausschließlich deutsche Weine gelagert und ausgeschenkt werden.

Vom Marktplatz führt die *Böttcherstraße* Richtung Weser. Sie ist ein Gesamtkunstwerk aus der Zeit zwischen 1923 und 1931, ein einzigartiges Beispiel expressiver Architektur, wesentlich geprägt durch Bernhard Hoetger. Hier finden Sie neben Kunsthandwerk auch das *Paula-Modersohn-Becker-Museum im Roselius-Haus (Böttcherstr. 6–10, Di–So 11–18 Uhr, Eintritt 8 Mark)* mit Werken der Künstlerin und einer bedeutenden Sammlung spätmittelalterlicher Kunst und Wohnkultur. Höhepunkt eines Bremen-Bummels ist das mittelalterlich wirkende *Schnoor-Viertel* mit guten Restaurants und Cafés, originellen Geschäften und romantischen Winkeln.

Zu Fuß und per Rad durch den Nordwesten

Zwischen Meer und Moor sportlich oder gemächlich die Natur entdecken

KREUZ UND QUER DURCH DIE KRUMMHÖRN

Die Krummhörn ist mit ihren alten Dörfern und vielen Wasserläufen eine der schönsten Landschaften Nordwestdeutschlands. Diese Radtour führt Sie knapp 25 km weit über kleine Nebenstraßen und Wirtschaftswege; unterwegs bieten sich immer wieder Möglichkeiten zur Rast in kleinen Dorfgasthäusern und schönen Cafés. Einen ganzen Tag sollten Sie sich darum für diese Tour Zeit lassen.

Ausgangspunkt ist das schöne *Greetsiel* (**108/C 3**). Fahren Sie vom Haus der Kurverwaltung die Straße Zur Hauener Hooge entlang westwärts. Kurz hinter dem Ende der Ortsbebauung erreichen Sie den Deich. Ihm folgen Sie jetzt bis zu Otto Waalkes' *Pilsumer Leuchtturm*. Er liegt ziemlich genau auf dem »Ossi-Äquator« von 53 Grad 30 Minuten nördlicher Breite, der Ostfriesland in der Mitte durchschneidet. Etwa 1750 m weiter biegen Sie links in die kleine Straße Zum Diekssiel ein, die Sie durch den Windenergiepark Krummhörn ins Zentrum von *Pilsum* bringt. Nach der Besichtigung des Ortes geht es auf der Hauptstraße, der Neu-Etumer-Straße, in südlicher Richtung weiter an Neu-Etum vorbei. Hinter dem Ortsende biegen Sie nach links in den Ackerburger Weg ein, der Sie ins Warfendorf *Visquard* mit seiner im Kern schon aus dem 13. Jh. stammenden Kirche bringt *(Schlüssel in der Pastorei neben der Kirche)*.

Verlassen sie Visquard in Richtung Süden und biegen nach etwa 1 km links in die Ubbo-Emmius-Straße ein, so kommen Sie nach *Pewsum* (**108/C 4**). Nach der Besichtigung des Ortzentrums bringt Sie die Cirksenastraße aus dem Ort hinaus. Hinter dem Ortsende biegen Sie links in den Bettenwehrster Weg ein, überqueren das Neue Greetsieler Sieltief und gelangen schließlich nach *Uttum* (**109/D 4**) mit seiner um 1250 gegründeten, später aber mehrfach veränderten Kirche. Von hier aus bringt Sie die Jennelter Straße ins kleine Dorf *Jennelt* (**108/C 4**) mit seiner Kirche, deren ältester Teil der 700 Jahre alte

Turm ist. Von hier ist es nur noch 1 km bis nach *Eilsum* mit einem in Norddeutschland einzigartigen, 750 Jahre alten Kirchturm und wertvollen Wandmalereien im Kircheninnern *(Kirchenschlüssel im Spar-Markt Brands, Brückstr. 1)*. Von Eilsum kehren Sie dann über die Greetsieler Straße nach Greetsiel zurück.

AUF DER DEUTSCHEN FEHNROUTE VON LEER NACH PAPENBURG UND ZURÜCK

Diese hin und zurück etwa 50 km lange Tour nutzt ein Teilstück der bestens ausgeschilderten Deutschen Fehnroute. Die ist als etwa 165 km langer Rundkurs angelegt, der von Leer über Papenburg, Rhauderfehn, Apen, Wiesmoor und Großefehn zurück nach Leer führt. Den Reiz dieses Teilstücks macht die ständige Nähe der Ems aus; ein Höhepunkt der Tour ist sicherlich eine Besichtigung der Meyer-Werft in Papenburg.

Nachdem die Leda an der Eisenbahnbrücke überquert ist, wendet sich die Deutsche Fehnroute nach rechts und führt durch *Esklum* (**109/E 6**) mit seinem alten Siel ans Ufer der Ems. In *Mitlingmark* (**O**) lohnt die *Windmühle (Marker Mühlenweg, April–Okt. Mo, Fr, So 14.30–17.30 Uhr, Eintritt 2 Mark)*, ein Galerieholländer von 1843, einen Stopp. Sie beherbergt eine Sammlung von über 800 Küchenteilen mit Mühlenmotiven aus der Zeit um die vorletzte Jahrhundertwende. Über Völlen und Bokel geht es dann nach *Papenburg* (**O**) hinein, in Deutschlands älteste und größte Fehnkolonie. Ein 40 km langes Netz von Kanälen durchzieht die brückenreiche Kleinstadt, in der auf der *Meyer-Werft* die größten Kreuzfahrtschiffe der Welt gebaut werden. Besucher sind dort willkommen; über Besichtigungstermine informiert der Fremdenverkehrsverein Papenburg *(Rathausstr. 2, 26871 Papenburg, Tel. 04961/822 21, Fax 823 30)*. Auskünfte über die gesamte Deutsche Fehnroute (für Auto- und Radfahrer) erhalten Sie beim *Informationsbüro Deutsche Fehnroute (Friesenstr. 34/36, 26789 Leer, Tel. 0491/666 41, Fax 28 60)*.

Wer nicht mit dem eigenen Rad unterwegs ist, findet in Leer mehrere Fahrradvermietungen: *Zweiräder Otten (Heisfelder Str. 33, Tel. 0491/24 30); Fahrrad Oltmanns (Brunnenstr. 39, Tel. 0491/35 75); Fahrrad Oase (Bremer Str. 27, Tel. 0491/151 15)*

AUF DER DEUTSCHEN SIELROUTE DURCH BUTJADINGEN

Der erst 1998 geschaffene Radfernweg führt ohne jede nennenswerte Steigung über 200 km als Rundkurs durch das Land zwischen Weser und Jadebusen, streift dabei den Stadtrand von Bremen und durchquert auch die Weserstädte Brake und Nordenham. Die hier beschriebene Rundfahrt durch Butjadingen ist gut 40 km lang und durchweg gut ausgeschildert. Startpunkt ist Tossens, wo ebenso wie in Burhave auch Fahrräder ausgeliehen werden können.

Von *Tossens* (**111/D 5**) bis Ruhwarden folgt die Deutsche Sielroute zunächst dem Verlauf der Hauptstraße. Hier geht es dann links ab in Richtung Deich, dem Sie bis hinter Fedderwarderdeich wahlweise binnen oder buten, also land- oder meerseitig, folgen können. *Fedderwardersiel* (**111/E 5**) lohnt dann eine erste, längere Pause. Von dort geht es binnenseitig am

Deich entlang weiter nach *Burhave* und Burhaversiel. Hier verlassen Sie die Deutsche Sielroute und biegen landeinwärts nach Sillens ab. Auf schmaler Straße geht es weiter zum Stollhammer Mitteldeich, dem Sie 200 m weit nach links folgen. Dann biegen Sie nach rechts ab und gelangen so nach *Stollhamm* (**111/E 6**). In Stollhammerdeich erreichen Sie wieder die Deutsche Sielroute, die ein kurzes Stück der Hauptstraße folgt und dann nach links zum Deich führt, an dem Sie nun landseitig bis *Eckwarderhörne* (**111/D 5**) entlangradeln. Unterwegs lohnt es sich, beim Eckwarder Siel einmal den Deich zu besteigen und einen weiten Blick über den Jadebusen und das Butjadinger Land zu werfen. Von Eckwarderhörne geht es schließlich immer am Deich entlang zurück nach Tossens.

Auskunft: *Informationsbüro Deutsche Sielroute, Strandallee 61, Nordseebad Burhave, 26969 Butjadingen, Tel. 04733/92 93 94, Fax 92 93 99, www.wesermarsch.de.*

»Radler-Lust auf die Wesermarsch« heißt ein sehr guter Reise- und Routenführer mit detaillierten Karten für die gesamte Deutsche Sielroute, der für 5 Mark bei den Touristinformationen in Butjadingen erhältlich ist.

RUNDTOUR AB CUXHAVEN

Diese etwa 45 km lange Rundtour können Sie in Döse ebenso beginnen wie in Duhnen. In beiden Ortsteilen gibt es mehrere Fahrradvermieter, die sogar sonntags schon ab 9 Uhr geöffnet haben. Ihr Weg führt Sie vor und hinter Deichen entlang, durch Mischwald und Felder, Dörfer und einige Randgebiete der Stadt. Der Weg ist zwar nicht vorbildlich ausgeschildert, aber bei etwas Aufmerksamkeit werden Sie sich nicht verfahren. Inklusive Besichtigungen sollten Sie etwa sechs bis sieben Stunden veranschlagen; gute Möglichkeiten zum Mittagessen bieten sich in Nordholz und Lüdingworth.

Fahren Sie durch *Duhnen* (**112/A 2**) auf der Cuxhavener Straße am Meerwasser-Brandungshallenbad vorbei, und biegen Sie danach rechts in den Wehrbergsweg ab, der Sie an den Deich bringt, dem Sie nach links folgen. Später führt der Weg auf den Deich hinauf und kurz darauf ins Deichvorland. Draußen im Wattenmeer ist meist deutlich die Insel Neuwerk zu sehen. In *Sahlenburg* bleiben Sie auf der Uferstraße, bis links das große Waldgebiet des *Wernerwaldes* beginnt. Hier biegen Sie auf die Asphaltstraße nach links und nehmen sogleich den parallel zur Straße verlaufenden Waldweg. Wo die Asphaltstraße den Waldrand verlässt und nach links schwenkt, stößt Ihr Waldweg auf einen anderen Waldweg, dem Sie nun durch den Wernerwald folgen. (Das Verkehrsschild »Durchfahrt für Fahrzeuge aller Art verboten« können Sie getrost missachten, denn von der anderen Seite her hängt darunter der Zusatz »außer für Fahrräder«, der hier offensichtlich vergessen wurde.)

Nach knapp 15 Minuten verlässt der Weg an einem *Bioland-Hofladen (Di und Fr 15–18, Sa 10–12.30 Uhr)* den Wernerwald. Jetzt geht es auf schmalen, wenig befahrenen Asphaltstraßen nach Arensch und dann nach Berensch.

In *Berensch* (**112/A 2**) passieren Sie die Zimmervermittlung. Wenig später biegen Sie nach rechts in die Straße Eschenhörn ein und dann gleich links in die Spieka-Neufelder Straße. Ihr folgen Sie nun. An einer ersten Gabelung ignorieren Sie den kleinen Fahrradwegweiser, der Sie geradeaus weiter nach Oxstedt schicken will. Sie bleiben auf der breiteren Straße, die bald den Deich erreicht. Lassen Sie Ihr Rad am ersten Deichtreppenübergang stehen, und schauen Sie übers hier weite Deichvorland auf die Wesermündung. Kurz darauf erreichen Sie eine weitere Gabelung, an der vor und hinter einem winzigen, bewaldeten Hügelchen Ruhebänke stehen. Nach rechts könnten Sie hier weiterfahren zum noch etwa 4,5 km entfernten, malerischen Kutterhafen von Spieka. Unsere Route aber führt hier geradeaus weiter. Nach etwa 400 m überqueren Sie auf einer kleinen Brücke einen Graben. Biegen Sie an der zweiten Abzweigung dahinter nach links ab, und Sie kommen am Golfplatz Hohe Klint vorbei ins Dorf *Oxstedt* (**112/A 3**). Dort überqueren Sie die Hauptstraße, fahren ein kurzes Stück auf der Straße Am Möhlendiek weiter und biegen dann nach rechts in die Straße Am Weddel ab.

Sobald Sie das Ortsschild von *Nordholz* (**112/A 3**) erreicht haben, biegen Sie links in den Oxstedter Weg ein. Er mündet auf eine asphaltierte Querstraße, der Sie am Schulzentrum vorbei nach rechts folgen; dann biegen Sie nach links in die Schulstraße ab. Sie kommen auf eine Hauptstraße, der Sie am Rathaus vorbei nach links folgen. Auf dieser Hauptstraße überqueren Sie Eisenbahnschienen und gelangen nach etwa sieben Minuten zum *Aeronauticum* von Nordholz, einer der größten Sehenswürdigkeiten der Region, wo Sie auch preiswert Getränke erhalten.

Vom Aeronauticum nehmen Sie nun die Hauptstraße in Richtung Altenwalde/Cuxhaven. Am grünen Ortsschild von *Altenwalde* (**112/A 2**) folgen Sie dem Wegweiser nach rechts in Richtung Gudendorf durch den Kapellenweg. Links der Straße liegt bald ein jungsteinzeitliches Grab, das an Ort und Stelle durch eine Tafel

Fahrräder: ideale Fortbewegungsmittel für die Erkundung des Hinterlands

erklärt wird. Der Kapellenweg setzt sich auch durch Franzenburg fort und mündet dort schließlich auf die Straße nach *Lüdingworth* (**112/B 3**) mit seiner sehenswerten Kirche.

Anschließend geht es auf der Straße, die Sie gekommen sind, zurück bis unmittelbar vor die Autobahnbrücke. Hier biegen Sie nach rechts in den idyllischen Wetternweg ein, an dessen rechter Seite vom Spätsommer an ein lang gestrecktes Feld voller Grün-, Weiß- und Rosenkohl das Auge erfreut. Wo dieser Weg dann wieder auf Asphalt mündet, biegen Sie links auf diese Straße ein, überqueren die Autobahn und eine Eisenbahnlinie und stoßen schließlich auf die B 73, der Sie nach rechts nach Cuxhaven hinein folgen. Auf Höhe des Schlosses Ritzenbüttel biegt nach links die Westerwischer Straße ab, die Sie über Westerwisch nach *Stickenbüttel* (**112/A 2**) mit einem sehenswerten Wrackmuseum bringt. Von dort kehren Sie den Wegweisern folgend wahlweise nach Döse oder Duhnen zurück.

SPAZIERGANG UMS EWIGE MEER

In den meisten norddeutschen Mooren wird die schaurige Stimmung, die Annette von Droste-Hülshoff in ihrer Ballade »Der Knabe im Moor« so gut vermittelt, kaum noch spürbar. Anders ist das bei einem 45-minütigen Spaziergang ums Ewige Meer nordwestlich von Aurich – und das besonders an einem trüben, regnerischen Tag.

Das *Ewige Meer* (**109/E 3**) ist Deutschlands größter Hochmoorsee. Er entstand vor etwa 8000 Jahren, als sich zwischen langsam zusammenwachsenden Hochmooren eine Mulde bildete, in die Wasser einfloss. Im braunen, säurereichen Wasser des etwa 90 ha großen und 3 m tiefen Sees ist kaum Leben möglich, doch das schilfumsäumte Ufer ist voll davon. Im Herbst rasten hier viele Zugvögel. In der Moorlandschaft um den See gedeihen viele seltene Pflanzen wie Rausch- und Moorbeere, und sogar Rehe und Füchse sind hier heimisch. Ein uriger Bohlenweg führt in einer Dreiviertelstunde von einem Parkplatz aus rund um den See durch dieses außergewöhnliche Naturschutzgebiet. Die Zufahrt ist vom Ort Eversmeer her ausgeschildert. Noch weitaus erlebnisreicher ist eine der zwei- oder fünfstündigen Führungen, die an vielen Tagen im Jahr bei jedem Wetter angeboten werden. Auskunft geben *Horst und Okko Reichwein (Mittelgast 2, 26556 Westerholt, Tel. 04975/295).*

SPAZIERGANG IM SCHLOSSPARK

Wer mit kleinen Kindern ins Grüne will, weiß kinderwagenfreundliche Wege und Ruhebänke zu schätzen. Bei einem gemächlichen Spaziergang durch den Park von Schloss Lütetsburg 3 km östlich von Norden an der Straße nach Hage sollten Eltern auch das Brot zum Entenfüttern nicht vergessen.

(**109/D 2**) Künstlich angelegte Teiche und Wasserläufe, Inselchen und kleine Hügel, windungsreiche Wanderwege und kleine, verträumte Pavillons lassen einen Spaziergang durch den 30 ha großen Park im englischen Stil zum Erlebnis werden. Er wurde bereits im 18. Jh. angelegt; entsprechend groß und alt sind viele Bäume. In der Osterzeit blühen viele Narzissen, zwischen Mitte Mai und Mitte Juni verwandeln Azaleen und Rhododendren den Park in ein Blütenmeer. Ein Eisenholzbaum aus Persien, Mammutbäume aus Kalifornien und eine 200 m lange Doppelallee mit Esskastanienbäumen gleich am Eingang des Parks gehören zu den weiteren botanischen Höhepunkten.

Vom Park aus ist das 1956 rekonstruierte Wasserschloss Lütetsburg mit seiner alten Vorburg aus dem 16. Jh. immer wieder gut zu sehen; besichtigt werden kann es nicht, da es sich in Privatbesitz befindet. Ein Faltblatt mit Plan und Beschreibung des Parks ist im *Schlosspark-Café* am Eingang des Parks erhältlich. Das Café belohnt Frühaufsteher mit einem preiswerten Frühstück, bei dem Sie so viel essen können, wie Sie mögen. *Park Mai–Okt. tgl. 8–21, Nov.–April 8–17 Uhr, Eintritt frei; Schlosspark-Café April–Okt. tgl. 10–18 Uhr, Kategorie 3*

LEHRWANDERUNG DURCH SALZWIESEN

Bei Carolinensiel in Ostfriesland hat der Naturfreund auf einem 3,2 km langen Lehrpfad Gelegenheit, sich mit den Besonderheiten von Salzwiesen vertraut zu machen.

(**110/B 3**) Das Deichvorland des schon 1894/95 zur Landgewinnung eingedeichten Elisabeth-Außengrodens zwischen Harlesiel und Schillig bildet eine der größten zusammenhängenden Salzwiesen an der Nordseeküste mit besonders vielfältiger Tier- und Pflanzenwelt. Der Lehrpfad, von dem nicht abgewichen werden darf, beginnt direkt am Deich beim östlichen Parkplatz von Harlesiel. Er ist mit blauweißen Schildern und Pfählen mit grünem Kopf markiert. Interessante Führungen durch den Elisabeth-Außengroden werden auch vom Nationalparkhaus in Carolinensiel angeboten *(Auskunft über Termine Tel. 04464/84 03)*.

RUNDWANDERUNG AUF SPIEKEROOG

Diese etwa 8 km lange Wanderung macht Sie mit dem Ort und dem Westteil der Insel bekannt. Auch wenn Ihnen im Rahmen eines Tagesausflugs nur wenig Zeit zur Verfügung steht, lernen Sie so in zwei bis drei Stunden ihre ganz unterschiedlichen Seiten kennen.

(**110/A–B 3**) Ausgangspunkt für die Rundtour ist das Kurzentrum, von dem Sie direkt in den Spiekerooger Dünengürtel gelangen. Ein schmaler, gepflasterter Pfad führt Sie von dort zum Strand hinunter, dem Sie in Richtung Westen folgen. Schon nach wenigen Schritten haben Sie die letzten Strandkörbe hinter sich gelassen und können sich ganz dem Anblick der Nordsee und dem Muschelsammeln widmen. Kurz hinter dem in den Dünen gelegenen Campingplatz erreichen Sie eine Schillfläche, in der sich Hunderttausende Muscheln mit Sand vermischt haben. Weite Bereiche sind gesperrt, denn hier brüten viele Küsten- und Flussseeschwalben.

Am alten Anleger wenden Sie sich dann wieder landeinwärts und kommen auf einem gepflasterten Weg an Feuchtwiesen und zwei alten Seenotrettungsstationen vorbei zurück ins Dorf.

Von Auskunft bis Zimmersuche

Hier finden Sie kurz gefasst die wichtigsten Adressen und Informationen für Ihre Reise an die Nordsee-Küste

AUSKUNFT

Eine zentrale Auskunftsstelle für die niedersächsische Nordseeküste gibt es nicht. Anfragen müssen an die regionalen Organisationen gerichtet werden, die bei den jeweiligen Ortsbeschreibungen genannt sind.

BEHINDERTE UND ALLERGIKER

Die Unterkunftsverzeichnisse der Ferienorte weisen für Allergiker und Behinderte geeignete Urlaubsquartiere besonders aus. Spezielle Publikationen für Behinderte gibt es nicht.

BOLLERWAGEN

Hölzerne Wagen, in denen kleinere Kinder und/oder das Strandgepäck über befestigte Wege gezogen werden können, werden in vielen Urlaubsorten an der Küste stunden- und tageweise vermietet.

CAMPING

Campingplätze gibt es in nahezu allen Ferienorten an der niedersächsischen Nordseeküste. Die jeweiligen Ortsprospekte geben darüber Auskunft.

EINTRITT

Die Eintrittspreise für Museen und andere Sehenswürdigkeiten sind bei den jeweiligen Beschreibungen genannt. Kinder und Jugendliche erhalten meist etwa 50 Prozent Ermäßigung; bei abweichender Regelung sind diese Preise ebenfalls genannt.

FKK

FKK wird an der Nordseeküste nur an dafür ausgewiesenen Stränden geduldet. Einen FKK-Strand gibt es in Hooksiel sowie auf den Inseln Borkum und Norderney, einen FKK-Campingplatz (geöffnet Mai–15. Sept.) in Cappel-Neufeld. *Auskunft: Naturistenverein Wattenfreunde e. V., Postfach 31 02 45, 27835 Bremerhaven, Tel./Fax 04742/17 39*

GEZEITENKALENDER

Der Tidenkalender, der die Hoch- und Niedrigwasserzeiten

für jeden Tag des Jahres nennt, ist an der Küste ebenso wichtig wie die Bahnhofs- oder Kirchturmuhr. Man erhält ihn entweder kostenlos oder gegen eine geringe Gebühr bei den örtlichen Kurverwaltungen.

HUNDESTRÄNDE

Hunde sind im Allgemeinen an der Leine zu führen. Meist gibt es ausgewiesene Hundestrände, dann sind andere Strände für Hunde tabu.

INTERNET

Zugriff auf die Homepages aller sieben Ostfriesischen Inseln gewährt die Adresse *www.ostfriesische-inseln.de.* Ansonsten gibt es für die Ferienorte an der niedersächsischen Küste keine gemeinsame Adresse; interessante Homepages werden in diesem Reiseführer bei den einzelnen Ortsbeschreibungen genannt.

JUGENDHERBERGEN

Entlang der niedersächsischen Nordseeküste stehen rund zwei Dutzend Jugendherbergen. Auskunft gibt das *DJH (Bismarckstr. 8, 32756 Detmold, Tel. 05231/740 10, Fax 74 01 84).* Informationen im Internet finden Sie unter *www.djh.de.*

KUREN

Viele Ferienorte der Region sind staatlich anerkannte Heilbäder mit entsprechenden Kureinrichtungen. Indikationen sind Erkrankungen der Atemwege, Herz- und Kreislauferkrankungen, Allergien, rheumatische Erkrankungen, Hormon- und Stoffwechselstörungen, chronische Hautleiden und Entwicklungsstörungen bei Kindern. Eine Badekur kann bei der Krankenkasse bzw. der Sozialversicherung beantragt werden.

KURTAXE

Fast alle Küstenorte der Region erheben während der Sommersaison eine Kurtaxe, einige Orte sogar im Winter. Ohne Kurkarte ist der Besuch der Badestrände meist kostenpflichtig. Als Gegenleistung erhält der Gast eine Kur- oder Gästekarte, die ihn zur kostenlosen Benutzung einiger Einrichtungen sowie zu ermäßigten Eintrittskarten für Hallenbäder, Museen und Veranstaltungen der Kurverwaltung berechtigen. Keine Kurtaxe und kein Eintrittsgeld zum Strand verlangen Bremerhaven, Emden, Nordholz-Spieka und Wilhelmshaven.

NOTRUF

Polizei Tel. 110
Feuerwehr Tel. 112

ÖFFENTLICHE VERKEHRSMITTEL

Eine Bahnlinie verbindet Leer mit Emden, Marienhafe, Norden und Norddeich, eine andere Wilhelmshaven, Sande und Jever mit Wittmund und Esens. Außerdem gibt es Zugverkehr zwischen Bremen, Bremerhaven, Wremen, Dorum, Nordholz und Cuxhaven sowie zwischen Bremen, Oldenburg, Sande und Wilhelmshaven. Die meisten anderen Orte der Ferienregion werden durch Buslinien erschlossen, deren Fahrpläne und Linienführung zum Teil im Kursbuch Niedersachsen/Bremen der Deutschen Bahn aufgeführt sind.

ÖFFNUNGSZEITEN

Die angegebenen Öffnungszeiten von Museen und Sehenswürdigkeiten können sich ändern. Falls Sie wegen einer Besichtigung einen Umweg planen oder falls Sie mit einer größeren Gruppe reisen, wird ein vorheriger Anruf empfohlen; deshalb haben wir auch die Telefonnummern aufgeführt. Bei Restaurants und Geschäften werden die Öffnungszeiten nur genannt, wenn sie deutlich von den allgemein üblichen Zeiten abweichen. An Feiertagen gelten normalerweise die Sonntagszeiten.

RADFAHREN

Fahrräder können in allen Küstenorten stunden-, tage- und wochenweise gemietet werden. Auf Baltrum und Spiekeroog sind Fahrräder unerwünscht.

REISEZEIT

Die niedersächsische Nordseeküste ist zu jeder Jahreszeit ein lohnendes Reiseziel. Zwischen Ende Oktober und dem Beginn der Osterferien sind jedoch nicht alle Pensionen und Gästehäuser geöffnet; auch manche Restaurants und Geschäfte sind dann geschlossen.

RUNDFLÜGE

15- bis 20-minütige Rundflüge mit Propellermaschinen werden von vielen kleinen Flugplätzen in der Region aus angeboten. Ab Norden-Norddeich beispielsweise kosten sie je nach Termin 35–40 Mark pro Person *(Frisia-Luftverkehr, Tel. 04931/93 32 20, Fax 93 32 93)*.

SPORT

In den meisten Küstenorten können Gäste Tennis, Tischtennis oder Minigolf spielen, kegeln oder reiten. Genaue Auskünfte darüber geben die jeweiligen Ortsprospekte. Bei den Ortsbeschreibungen in diesem Buch wurden darum nur ausgefallenere Sportarten besonders erwähnt.

STRANDKÖRBE

Strandkörbe können in allen Ferienorten der Region über die Kurverwaltungen bzw. Touristinformationen im Voraus gebucht werden. Es gibt aber auch die Möglichkeit, Strandkörbe tageweise direkt vor Ort zu mieten.

URLAUB AUF DEM BAUERNHOF

Bauernhöfe und Heuhotels als Urlaubsdomizile vermittelt die *Arbeitsgemeinschaft Urlaub und Freizeit auf dem Lande e.V. (Lindhoopstr. 63, 27283 Verden/Aller, Tel. 04231/966 50, Fax 96 65 66, www.bauernhofferien.de)*.

WATTWANDERUNGEN

Wattwanderungen mit amtlich zugelassenen Führern werden während des Sommerhalbjahres von fast allen Küstenorten aus angeboten. Das Watt ohne Führer zu durchwandern ist aus Gründen des Naturschutzes verboten und für Unerfahrene auch viel zu gefährlich. Die Wattführer geben naturkundliche Erklärungen und wissen so manche Döntjes zu erzählen.

ZIMMERSUCHE

Alle Urlaubsorte geben jedes Jahr aktuelle, umfangreiche Unterkunftsverzeichnisse heraus, in denen Sie alle erforderlichen Angaben über Hotels, Pensionen, Privatzimmer, Apartments und Ferienhäuser finden. Sie werden Ihnen von den Fremdenverkehrsämtern mit der Bitte um einen freiwilligen kleinen Kostenbeitrag zugesandt. Wenn Sie ohne Reservierung reisen – was Sie nur in der Nebensaison tun sollten –, sind Ihnen meist die Touristinformationen bzw. Kurverwaltungen bei der Vermittlung freier Unterkünfte behilflich. Pauschalangebote, die Sie in Reisebüros überall in Deutschland buchen können, finden Sie z. B. in den Katalogen von Ameropa, TUI und Wolters-Reisen.

WETTER AUF BORKUM

Die monatlichen Durchschnittswerte im Überblick

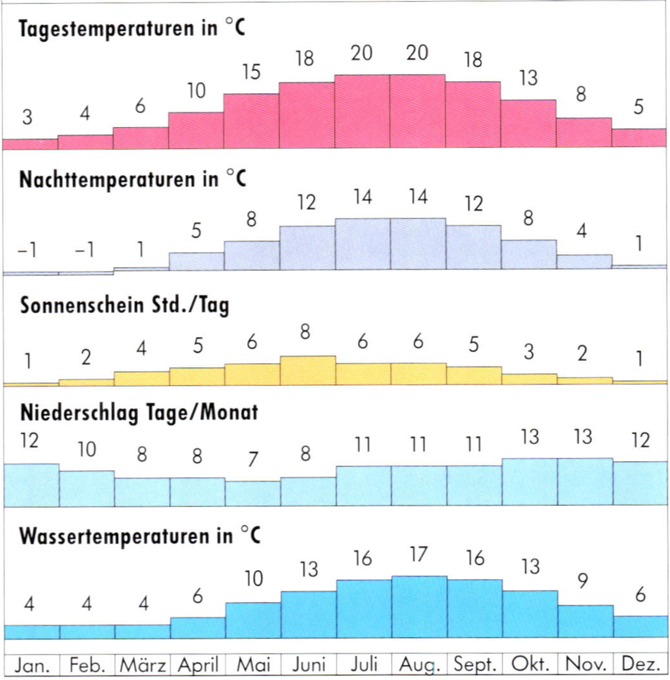

Bloß nicht!

Tips, die der Natur helfen und Sie vor negativen Erfahrungen an der Küste bewahren

Dünenschutz missachten
Die Dünen auf den Ostfriesischen Inseln bilden eine Art natürlichen Deich, solange ihre Pflanzendecke intakt ist. Es ist deswegen verboten, die Dünen abseits der ausgewiesenen Wege zu betreten und in den Dünen zu rauchen.

Geschälten Granat kaufen
In Restaurants kommen Sie kaum umhin, gepulten Granat zu bestellen. Im Fischgeschäft aber sollten Sie ungeschälten Granat vorziehen. Nur dann können Sie sicher sein, dass er nicht schon eine lange Reise zum Schälen in Polen oder Nordafrika hinter sich hat. In jedem Fischgeschäft zeigt man Ihnen, wie die kleinen Krabben im Handumdrehen speisefertig werden.

Möwen füttern
Möwen machen vielen anderen Vögeln den Lebensraum streitig und gefährden ihre Brut. Sie sollten nicht noch durch Füttern zu ihrer Vermehrung beitragen.

Schutzzonen ignorieren
Im gesamten Nationalpark Niedersächsisches Wattenmeer gibt es drei Arten von Zonen unterschiedlicher Schutzintensität. Die Ruhezone darf das ganze Jahr über nur auf den ausgewiesenen Wegen betreten werden. Für die Zwischenzone gilt diese Vorschrift meist von April bis Juli; örtliche Behörden können weitere Verbote aussprechen. Hunde müssen in diesen beiden Zonen grundsätzlich an der Leine geführt werden. Pflanzen zu pflücken ist im gesamten Nationalpark verboten. Die Natur hat überall Vorrang vor dem Menschen; nur in der Erholungszone, die normalerweise die Orte und Badestrände umfasst, wird rein touristischen Interessen stärker Rechnung getragen. Genaue Karten mit den unterschiedlichen Zonen sind in allen Nationalparkhäusern und bei den Touristeninformationen kostenlos erhältlich.

Seehunden zu nahe kommen
Von Seehunden sollte man generell mindestens 500 m Abstand halten – außer auf der Düne von Helgoland, wo die Tiere die Nähe von Menschen gewohnt sind. Manchmal findet man einen scheinbar von den Eltern verlassenen oder kranken Heuler am Strand. Man sollte ihn auf keinen Fall berühren, sondern die Kurverwaltung oder einen Vertreter des Nationalparks informieren.

Reiseatlas Nordseeküste

Die Seiteneinteilung für den Reiseatlas finden Sie auf dem hinteren Umschlag dieses Reiseführers

A
B
C
1
2
3
4
5
6
5 km
Helgoland 4½h
Ostfriesische Inseln
Juist
Juist
Im Loog
Schluchter
1¼h
Voorentief
Kachelot-
plate
Nordland
Memmert
Nationalpark
Itzendorf-
plate
Osterems
Borkum
Ostland
Borkum
Lütje Hörn
Memmertbalje
Koper-
sand
Fischerbalje
Randzel
Westerbalje
Ley
Bantsbalje
Hamburger Sand
Utlands
Leybucht
(Leysand)
Greetsieler
Nacken
Greetsiel
Hauen
Pilsum
Visquard
Uithuizerwad
Dukegat
1h
2h
Störtebeker-
straße
Manslagt
Krummhörn
Eemshaven
Koningsoord
Oudeschip
Hefswal
Groothusen
Hamswehrum
Woquard
Pewsum
Upleward
Groß Heiselhusen
Woltzeten
Klein Heiselhusen
Campen
Loquard
Rysum
Uithuizermeeden
Roodeschool
Oosteinde
N33
N46
Menkemaborg
Doodstil
Oldenzijl
Zijldijk
2001
Spijk
Hund
Bierum
Hefshuizen
Losdorp
't Zandt
Garsthuizen
Godlinze
2000
Krewerd
Holwierde
Paap-
sand
Störtebeker-
straße
Twixlum
Wybelsum
Knockster Tief
Huizinge
Zeerijp
Leermens
Westeremden
Oosterwijtwerd
Uitwierde
Biessum
DELFZIJL
Eenum
Wester-
wijtwerd
Loppersum
Jukwerd
Wirdum
Farmsum
De Groene
Kustweg
Stedum
N360
Ems
1h
Winneweer
Wirdumerdraai
Lellens
Garrelsweer
Appingedam
Eemskanaal
Sint Annen
Post Ten
Damsterdiep
Weiwerd
Borgsweer
Termunten
Ten
Boer
Wittewierum
Meedhuizen
Woltersum
Overschild
N33
Tjuchem
De Groene
Kustweg
Thesinge
Schildmeer
Steendam
Woldendorp
NEDERLAND
N360
Garmerwolde
Siddeburen
Wagenborgen
Nieuwolda-Oost
Lageland
Hellum
N387
Schildwolde
Nieuwolda
Harkstede
Slochteren
't Waar
Scharmer
Fraeylemaborg
N362
Ganzedijk
Nw-Scheemda
Oostwold
E22
A7
Froombosch
Kolham
Midwolda

D
E
F
Norderney
Baltrum
Langeoog
Meierei Ostende
Wichter Ee
Riffgat
Hohes Riff
Steinplate
Neiderplate
Ruteplate
Dollart
Niedersächsisches
Grüne Küstenstraße
Störtebekerstraße
Neßmersiel
Dornumergrode
Dornumersiel
Bensersiel
Hilgenriedersiel
Westeraccumersiel
Gründeich
Middelsbur
Damsum
Junkersrott
Osterrott
Seegatt
Harketief
Nesse
Westerbur
Hagermarsch
Westdorf
Dornum
Westeraccum
Utgast
Esens
Honnewarf
Reersum
Schwittersum
Lintelermarsch
Marienhof
Resterhafe
Fulkum
Westerloog
Roggenstede
Holtgast
Terhalle
Norden
Schl. Nordeck
Westerende
West-ochtersum
Lütetsburg
Berum
Arle
Barkholt
Hage
Burg Berum
Menstede
Utarp
Narp
Ostochtersum
Wasserschloß Lütetsburg
Großheide
Westerholt
Schweindorf
Bargebur
Berumbur
Coldinne
Moorweg
Süderneuland I
Nenndorf
Negenmeerten
Westermarsch I
Wurzeldeich
Halbemond
Neuschoo
Blomberg
Süderneuland II
Berumerfehn
Eversmeer
Osteel
Leezdorf
Ewiges Meer
Langefeld
Neuwesteel
Nord-
Rechtsupweg
Berumerfehner
Meerhusener Moor
Neue Welt
Marienhafe
Tjüche
Moorhusen
Moor
Dietrichsfeld
Schottjer-Dreesche
Upgant-Schott
Süd-
Kreihütten-moor
Wirdumer Neuland
Upende
Münkeboe
Tannenhausen
Plaggenburg
brookmerland
Alt Siegelsum
Oldeborg
Georgsfeld
Pfalzdorf
Wirdum
Engerhafe
Victorbur
Sandhorst
AURICH
Grimersum
Uthwerdum
Walle
Brockzetel
Georgsheil
Moordorf
Extum
Wallinghausen
Theene
Haxtum
Egels
Auricher Wiesmoor
Uttum
Canhusen
Wiegboldsbur
Rahe
Popens
Wiesens
Akelsbarg
Cirkwehrum
Weeringerhörn
Kirchdorf
Große-
Loppersum
Großes Meer
Bedekaspel
Westerende-Kirchloog
Schirum
Holtrop
Felde
Hinte
Barstede
Wrisse
Suurhusen
Forlitz-Blaukirchen
Bangstede
Ostersander
Westerhusen
Hieve
Ludwigsdorf
Westersander
Aurich-Oldendorf
Harsweg
Ochtelbur
Ihlow
Ihlowerfehn
Mittegroßefehn
Ostgroßefehn
Ems-Jade-Kanal
Riepe
Ihlowerhörn
Uphusen
Simonswolde
Schweindorf
Westgroßefehn
Spetzerfehn
Deutsche Fehnroute
Ulbargen
EMDEN
Timmel
EMD-Wolthusen
EMD-Ost
Boekzeteler Meer
Großefehnkanal
Hatshausen
Bagband
Borssum
Tergast
Moormerland
Neukamperfehn
Widdelswehr
Petkum
Gandersum
Oldersum
Stiekelkamperfehn
Pogum
Rorichum
Boekzetelerfehn
Neuemoor
Ditzum
Nendorp
Grüne Küstenstr.
Warsingsfehn
Oldendorp
Hatzum
Terborg
Neermoor
Iheringsfehn
Hesel
Ditzumerhammrich
Critzum
Midlum
Ems
Veenhusen
Hasselt
Dollart
Dreieck Leer
Holtland
Ditzumerverlaat
Jemgum
Nüttermoor
Leer-Nord
Leer-Ost
Brinkum
Marienchor
Logabirum
Lammertsfehn
Rheiderland
Heinitzpolder
Bunderhammrich
Heisfelde
LEER
Filsum
Soltborg
Leer-West
Nortmoor
Landschaftspolder
Böhmerwold
Holtgaste
Evenburg
Jümme
Drieborg
Bunderhee
Bingum
Nettelburg
Neuburg
Sankt Georgiwold
Esklum
Amdorf
Velde

A
B
1
2
3
4
5
6
Helgoland
Naturschutzgebiet
Nordmole
Lange Anna
Lummenfelsen
Nordreede
Kurmittelhaus
Nordost-hafen
Oberland
Unterland
Helgoland
Landungsbrücke
Binnenhafen
Südhafen
Vorhafen
Neue Westmole
Ostmole
Düne
Nordstrand
Dünen-hafen
Dünenpavillon
Südstrand
Südreede
NORDSEE
Helgoländer
Felssockel
1 km
Roter Sand
Hörnum 4 h (VI-IX)
Helgoland 3h
Helgoland 2½h
Husum 3 h (VI-IX)
Eider-Sperrwerk 3 h (VI-IX)
Büsum 2½ h (V-IX)
Spiekeroog
Wangerooge
Harle
Helgol. 2½h
Helgoland 2½h
Minsener Oog
Swinnplate
Janssand
Wattenmeer
Neues Brack
Harlesiel
Neuharlingersiel
Grüne Küstenstraße
Minsen
Bassens
Schillig
Horumersiel
Bettenwarfen
Ostbense
Altharlingersiel
Carolinensiel
Friederikensiel
Funnens
Wangerland
Groß Holum
Hartward
Sterbur
Nordorf
Neufunnixsiel
Werdum
Neugarmssiel
Wiarden
Altfunnixsiel
Altgarmssiel
Hohenkirchen
Sankt Joost
Wüppelser Altendeich
Thunum
Osteraccum
Tettens
Oldorf
Wüppels
Mamburg
Stedesdorf
Funnix
Berdum
Middoge
Pakens
Hooksiel
Buttforde
Wichtens
Waddewarden
Burhafe
Moorweg
Dunum
Blersum
Eggelingen
Westrum
Wiefels
Utters
Sengwarden
West Dunum
Ost Dunum
Abens
Uttel
Hattersum
Jever
Sillenstede
Brill
Wittmund
Asel
Schloß
Webershausen
Updorf
Burmönken
Moorwarfen
Grafschaft
Fedderwarden
Accum
Middels
Heglitz
Heidmühle
Middels-Osterloog
Uthörn
Addernhausen
Groß Ostiem
Ardorf
Hovel
Leerhafe
Möns
Sandelerburg
Langewerth
Middels-Westerloog
Spekendorf
Schnapp
Heidhäuser
Schoost
Schortens
Rofhausen
Wilhelmshavener Kreuz
Rispel
Müggenkrug
Kollrunge
Hünengräber
Dose
Sande
Dykhausen
Schl. Gödens
Abickhafe
Ems-Jade-Kanal
Wiesedermeer
Reepsholt
Hoheesche
Gödens
Sandergrode
Wiesmoor
Upschört
Hesel
Neustadtgödens
Marcardsmoor
Etzel
Riepen
Akelsbarg
Friedeburg
Horsten
Ellens
Blauhand
Zetel
Ellenserdamm
Wiesede
Hammrich
Wiesederfehn
Kleinhorsten
Bohlenberge
Dangast
Störtebeker-
461
210
436
16
17
25
28
15
27
29

114
110

D
E
F
1
2
4
5
NORDSEE
Helgoland 2h
5 km
Scharhörn
Nationalpark
Robben-
plate
Hamburgisches
Wattenmeer
Neuwerk
Hamburg-
Insel Neuwerk
Gr.Leuchtturm
Wattwanderweg
Nat
Nie
Wa
Alte Weser
Westertill
Ostertill
Großer
Hoher Knechtsand
Knechtsand
Sperrgebie
Störtebeker-
straße
Robinsbalje
Tegeler Plate
Nord-
Nationalpark
-eversand
Süd-
Mellumplate
Spieka-Neufeld
Nord
Deichsende
Spiekaeraltendeich
Cappel-Neufeld
Spiekaer
Nordermarren
Spieka
Wurster
Grüne Küstenstr.
Dorumer Neufeld
Midl
Hohewegrinne
Mellum
Dorumer Altendeich
Cappel
Land
Hohe Weg
Watt
Padingbütteler Altend
Nieder-
Misselwardener Altend
Der
Padingbüttel
Alsum
Hohe
Dorum
Weg
Misselwarden
Schmarren
Mulsum
Wursten
Wremertief
Wremen
Sievern
Hofe
Hülsing
Störtebeker-
straße
17
sächsisches
Schottwarden
Grüne
Küstenstr.
Weser
3h
Jade
Ölhafen
Imsum
Langen
Solthörner
Watt
Langwarden
Weddewarden
störtebekerstraße
Grüne
Küstenstraße
Ruhwarden
Fedderwardersiel
Marschenhaus-
Freilichtmuseum
Voslapp
Niedersachsendamm
Burhave
Lütiensand
Fedderwarder-
groden
Tossens
Süllwarden
LEHE
Rüstersiel
Sillens
Butjadingen
Waddens
Deutsches
Schiffahrts-
museum
Tettens
Kopperhörner
Mühle
Klein Eckwarden
Volkers
Eckwarden
Iffens
Schweewarden
Eckwarderhörne
Störtebekerstr.
Grüne Küstenstraße
Blexen
Kaiser-
Wilhelm-
Brücke
½h
212
Einswarden
Stollhamm
Phiesewarden
ELMSHAVEN
Stollhamer
Watt
NORDENHAM
ADAC
Ahndeich
Westmoorsee
Atens
WULSDORF
Heering
Grüne
Küstenstraße
Abbehausen
Lanhausen
Wattenmeer
Abbehausergroden
Ellwürden
Ueterlande
Welle
Großensiel
Fleeste
Jadebusen
Esenshammergroden
Overwarfe
Dangast
111
Esenshamm
115
Landwürden
Sehestedt
Kleinensiel
Holte
Stotel

A
B
C
1
2
4
5
5 km
Nationalpark
Schleswig-
Holsteinisches
Wattenmeer
Elbe
Klotzenloch
Nationalpark
Niedersächsisches
Wattenmeer
Schmolteck
Krumwehl
Helse
Dieksanderkoog
Neulandhalle
Kronprinzenkoog
Darenwurth
Schadendorf
Marnerdeich
Kaiser-Wilhelm-Koog
Schafstedt
Nordergründe
Marner
Neuenkoogsdeich
Auenbüttel
Neufeld
Neufelderkoog
Nordhusen
Medem-
sand
Medemsandinsel
Duhner
Watt
Duhnen
Döse
CUXHAVEN
Alte Liebe
Amerika-Hafen
Stickenbüttel
Sahlenburg
Neufelder
Sand
Medem-
grund
Schleswig-Holstein
Niedersachsen
Westerwisch
Spangen
Süderwisch
Groden
Cuxhaven
Arensch
Holte
Wehldorf
Müggendorf
Altenbruch
-Westerende
Altenbruch
Störtebekerstr.
Otterndorf
Mahrdorf
Belum
Sperrgebiet
Störtebeker-
straße
Berensch
Altenwalde
Altenwalde
Franzenburg
Lüdingworth
-Westerende
Altenbruch-
-Osterende
Bahrdorf
Oxstedt
Gudendorf
Lüdingworth-
Süderwisch
Grüne Küstenstr.
Norderteil
Kehdingbruch
Köstersweg
Land
Hadeln
Nordholz
Wursterheide
Süderende
Lüdingworth-
-Seehausen
Neuenkirchen
Osterbruch
Sprenge
Deichsende
Knill
Wurster
Spieka
Nordleda
Kampen
Süderteil
Aue
Wester
Spiekaer
Südermarren
Wanhöden
Osterwanna
Hasendorf
Nubhusen
Bülkau
Spieka
Nordholz
Hügelgräber
Wanna
Mittelteil
Ihlienworth
Wingst
Oppeln
Midlum
Süderende
Bargkamp
E234
Krempel
Süderleda
Medemstade
Auedeich
Oppelner Geest
Altendeich
Altendeich
Alsum
Alhenmoor
Ahlen-Falkenberg
Norderteil
Grüne Küstenstraße
Bovenmoor
Norderende
Odisheim
Dahlemer See
Holßel
Süderwesterseite
Lauenteil
Süderteil
Heide
Neuenwalde
Fünf Seen
Flögelner See
Hadelner Kanal
Steinau
Neuenwalde
Flögeln
Pipinsburg
Stinstedt
Nordahn
Höring
Sievern
Heidenstadt
Hymendorf
Neubachenbruch
Ringwall
Fickmühlen
Bederkesaer See
Moorausmoor
Grüne
Küstenstraße
Debstedt
Debstedt
Ankelohe
Langen
Drangstedt
Langes
Wehden
Bad
Bederkesa
Lintig
Hügelgräber
LEHERHEIDE
Elmlohe
Alfstedt
Meckelstedt
Moor
Bremerhaven-
Überseehäfen
Kührstedt
Steingrab
Laven
Wüstewohlde
LEHE
Spaden
Marschkamp
Langenmoor
Hainmülhen
Großenhain
BREMER-
HAVEN
Bederkesa-Geeste-Kanal
Ringstedt
Altenkamp
Bramel
ADAC
Geeste
47
Bremerhaven-Mitte
Köhlen
Hügelgrab
GEESTEMÜNDE
Schiffdorf
Drittgeest
Bremerhaven-
Geestemünde
Sellstedt
Altluneberg
SURHEIDE
Geestenseth
Heinschenwalde
Neu-Ebersdorf
Hosermühlen
Apeler
Wehdel
Geeste
WULSDORF
Bremerhaven-Wulsdorf
Donnern
Frelsdorf
Bexhövede
Hipstedt
Loxstedt
Wollingst
Heerstedt
Lohe
Malse
Stinstedt
Bremerhaven-Süd
Grüne
Küstenstraße
Nesse
Appeln
Basdahl
Holte
Stotel
Stotel
Hetthorn
Lunestedt
Osterndorf
Beverstedt
Oese
116
112

Sankt Michaelisdonn
Hopen
Hünengräber
Burg
Buchholz
Vaalermoor
Nutteln
Kaaks
Eversdorf
Huje
Hungriger
Ottenbüttel
Süderdonn
Stubbenberg
Grüne Küstenstraße
Aebtissinwisch
Neuendorf
Kleve
Westermühlen
Rahde
Krummendiek
Itzehoe-Nord
Edendorf
Kuden
Dingerdonn
Buchholzermoor
Sachsenbande
Moorhusen
Oldendorf
Dingen
Tiefste deutsche Landstelle
-3,6
Behmhusen
Eddelak
Norderdonn
Ecklak
Wilster
Bekdorf
Ramhusen
Averlak
Hackeboe
Blangenmoor-Lehe
Flethsee
Nortorf
Landrecht
Heiligenstedten
Kudensee
Bekmünde
medeswurth
Kattrepel
Westerbüttel
Schotten
Wilster
Störtdorf
Westerhusen
Osterbelmhusen
Landscheide
ITZEHOE
Ostermoor
Dammfleth
Mühlenstraßen
Büttel
Stuven
Marsch
Hodorf
Itzehoe-Süd
Kernkraftwerk
Sankt Margarethen
Heiligenstedtenerkamp
Brunsbüttel
Hochfeld
Sperrgebiet
Kleinarentsee
Beidenfleth
Bahrenfleth
Kremperheide
Großarentsee
Dägeling
Kleinbarenfleth
Krempermoor
Brokdorf
Brokreihe
Neuenbrook
Neuenkirchen
Grüne Küstenstraße
Kremper
Hollerwettern
Borsfletherwisch
Grevenkop
Wewelsfleth
Krempe
Elbdeich
Stellenfleth
Störtebekerstraße
Faulenhofe
Balje
Krummendeich
Schöneworth
Borsfleth
Marsch
Hörne
Freiburg (Elbe)
Ivenfleth
Krempdorf
Süderau
Süderdeich
Grüne Küstenstraße
Allwörden
Blomesche
Elskop
Oederquart
Obstmarschenweg
Hollerdeich
Holenwisch
Wildnis
Engelbrechtsche
Herzhorn
Geversdorf
Marne
Klinten
Neuendeich
Kajedeich
Glückstadt
Laak
Bruchweg
Dösemoor
Wischhafen
Rhinplate
Obendeich
Cadenberge
Wildnis
Strohdeich
Neulandermoor
Neuland
Groß Kollmar
Krautsand
Großwurth
Klein Kollmar
Bielenberg
Neuendorf bei Elmshorn
Olymp
Oberndorf
Kollmar
Braak
Isensee
Wolfsbruchermoor
Niederstrich
Dornbusch
Dobrock
Ahrensflucht
Schüttdamm
Dornbuschermoor
Störtebekerstraße
Theisbrügge
Schwarztonnensand
Kronsnest
Weißenmoor
Hemm
Achthöfen
Oben Altendorf
Drochtersen
Westersode
Achthöfenerdeich
Hüll
Obstmarschenweg
Elbe
Seestermühe
Osten
Rönndeich
Niederhüll
Ritsch
Assel
Hemmoor
Basbeck
Großenwörden
Barnkrug
Pagensand
Heeßel
Ziegelkamp
Aschhornermoor
Neuland
Grüne Küstenstraße
Abbenfleth
Westerberg
Kleinwörden
Ritschermoor
Wohlenbeck
Bornberg
Engelschoff
Bützflethermoor
stenahe
Hackenmühlen
Wisch
Hammahermoor
Bützfleth
Köven
Hechthausen
Obstmarschenweg
Ihlbeck
Burg
Groß Sterneberg
Lamstedt
Klint
Breitenwisch
Götzdorf
Stadermoor
Hünengräber
Brunshausen
Nindorf
Laumühlen
Burweg
Hammah
Schölisch
Blumenthal
Himmelpforten
Melau
Bossel
Nindorfermoor
Hohenwedel
St. Wilhadi
Kranenburg
Mittelsdorf
Hollen
Brobergen
Kuhla
Haddorf
STADE
Oldendorf
Schönau
Sunde
Düdenbüttel
ADAC
Hollnseth
Ostendorf
Estorf
Kaken
Weißenmoor
Wiepenkathen
Bachenbrock
Gräpel
Heinbockel
Abbenseth
Agathenburg
Iselersheim
Schwinge
Hagen
Ottendorf
Alfstedt
Hagenah
Behrste
Neuendamm
Grüne Küstenstraße
Schwinge
Dollern
Mehedorf
Nieder Ochtenhausen
Hönau-Lindorf
Fredenbeck
Deinste
Helmste
Elm
Mulsum
Oste-Schwinge-Kanal
Hünengräber
Hünengräber
Wedel
Deutsche Fachwerkstraße
Glinde
Bremervörde
Essel
Kutenholz
Lusthoop
Issendorf
Bliedersdorf
Engeo
Frankenmoor
Groß Aspe
Sadersdorf
Grundoldendorf
Hesedorf
Ohrensen
Spreckens
Brest
Harsefeld
Bevern
Byhusen
Oste
Elbe
113
117

110
114
A
B
Spekendorf
Schnapp
Heidhäuser
Rispel
Schoost
Schortens
Rotthausen
Kollrunge
Hünengräber
Abickhafe
Dose
Sande
Dykhausen
Reepsholt
Ems-Jade-Kanal
Schl. Gödens
Gödens
Wiesedermeer
Hoheesche
Grüne Küstenstraße
Neustadtgödens
Sandergroden
Aurich Wiesmoor
Upschört
Hesel
Etzel
Riepen
Akelsbarg
Marcardsmoor
Friedeburg
Wiesede
Horsten
Ellens
Blauhand
Zetel
Hammrich
Wiesederfehn
Kleinhorsten
Marx
Bohlenberge
Aurich-Oldendorf
Großefehnkanal
Wiesmoor
Hohemoor
Störtebekerstraße
Driefel
Wilhelmsfehn II
Bohlenbergerfeld
Schweinebrück
Zetel
Steinhausen
Kranenkamp
Bockhorn
Großefehn
Voßbarg
Auricher Wiesmoor
Ruttel
Ur
Spetzerfehn
Bentstreek
Ruttelerfeld
Neuenburg
Seghorn
Deutsche Fehnroute
Neuenburgerfeld
wald
Strackholt
Grabstede
Obenstrohe
Zwischenbergen
Nordgeorgsfehnkanal
Lengener Meer
Grafenweg
Oltmannsfehn
Altjührden
Bagband
Fiebing
Astederfeld
Neufirrel
Neudorf
Ockenhausen
Stapeler
Bredehorn
Grünenkamp
Poghausen
Moor
Tarbarg
Firre
Stapel
Spols
Neuemoor
Kleinoldendorf
Großoldendorf
Schwerinsdorf
Uplengen
Meinersfehn
Halsbek
Conneforde
Bühren
Remels
Selverde
Großsander
Neuengland
Jührdenerfeld
Spohle
Hasselt
Eggeloge
Moorburg
Kleinsander
Klein Remels
Jübberde
Felde
Petersfeld
Ihausen
Westerstede-West
Nordgeorgsfehn
Hollwege
Linswege
Garnholterdamm
Lammertsfehn
Westerstede
Filsum
Hollen
Apen/Remels
Westerstederfeld
Wiefelstede
Ammersum
Südgeorgsfehn
Westerloyerfeld
Bad Zwischenahn West
Augustfehn II
Westerloy
Gießelhorst
Langebrügge
Klampen
Stickhausen
Roggenmoor
Winkel
Mansie
Elmendorf
Apen
Velde
Vreschen-Bokel
Ammerland
Detern
Deutsche Fehnroute
Ocholt
Torsholt
Gristede
Godensholterweg
Barge
Howiek
Aschhausen
Zwischenahner Meer
Roggenberg
Gaskamp
Rostrup
Tange
Karlshof
Ohrwegerfeld
Aschhauserfeld
Ost-
Barßel
Nordloh
Godensholt
Kayhauserfeld
Nord
Fintlands-
Ohrwege
Bad Zwischenahn
Elisabethfehn
Rothenmethen
moor
Ekern
West
Ost
Lohe
Wittenberge
Dänikhorst
Kleefeld
Portsloge
Westerscheps
Edewecht
Strücklingen
Elisabethfehn Süd
Elisabethfehn Kanal
Soeste
Harkebrügge
Holttange
Saterland
Osterscheps
Jeddeloh I
Ramsloh
Deyekamp
Klein Scharrel
Hollen
Langes
Kampe
Husbäke
Am Küstenkanal
Küstenkanal
Langendamm
Wester-
Scharrel
Moor
Edewechterdamm
Jeddeloh II
Bätholt
Moor
Vehnemoor
Sedelsberg
Eggershausen
Riege
Grüne Küstenstraße
Altenoythe
Benthullen
Friesoythe
Bremer-Sand
5 km
Esterwegen
Neuscharrel
Bösel
Petersdorf
Hilkenbrock
Barkentange
Neulorup
Ellerbrok
Vordersten Thüle
Nikolausdorf
Gehlenberg
Neuvrees

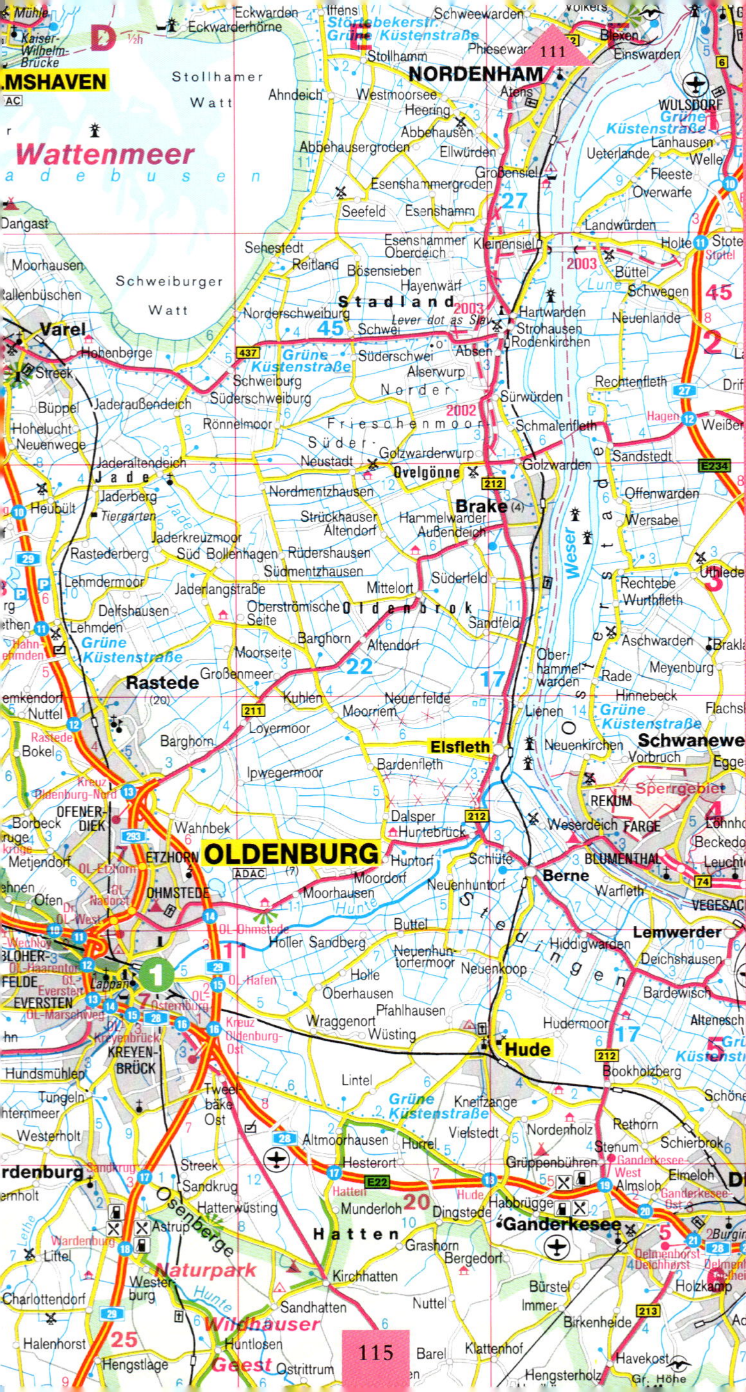

NORDENHAM
Wattenmeer
Stollhamer Watt
Schweiburger Watt
Stadland
Varel
Rastede
OLDENBURG
Brake
Elsfleth
Berne
Hude
Ganderkesee
Lemwerder
Hatten
Weser
Grüne Küstenstraße
Störtebekerstr.
Naturpark Wildeshauser Geest
Osenberge
Jade
Jaderberg
Ovelgönne
Golzwarden
Oldenbrok
Rodenkirchen
Sperrgebiet
Blexen
Einswarden
Esenshamm
Seefeld
Dangast
Schwei
Neuenkirchen
Wüsting
Bookholzberg
Kirchhatten
Sandkrug
Kreyenbrück
Ohmstede
Etzhorn
Ofenerdiek
Wahnbek
Loyermoor
Hunte
Huntebrück
Moorriem
Stedingen
Osterstade
Wulsdorf
Rekum
Farge
Blumenthal
Vegesack
Hasbergen
Bardewisch
Hiddigwarden
Kreuz Oldenburg-Nord
Kreuz Oldenburg-Ost
Hatterwüsting
Dingstede
Munderloh
Grashorn
Bergedorf
Tweelbäke Ost
Altmoorhausen
Hurrel
Vielstedt
Kneifzange
Lintel
Sandhatten
Huntlosen
Ostrittrum
Hengstlage
Halenhorst
Charlottendorf
Westerburg
Astrup
Littel
Hundsmühlen
Tungeln
Westerholt
Bümmerstede
Streek
Wardenburg
111
115

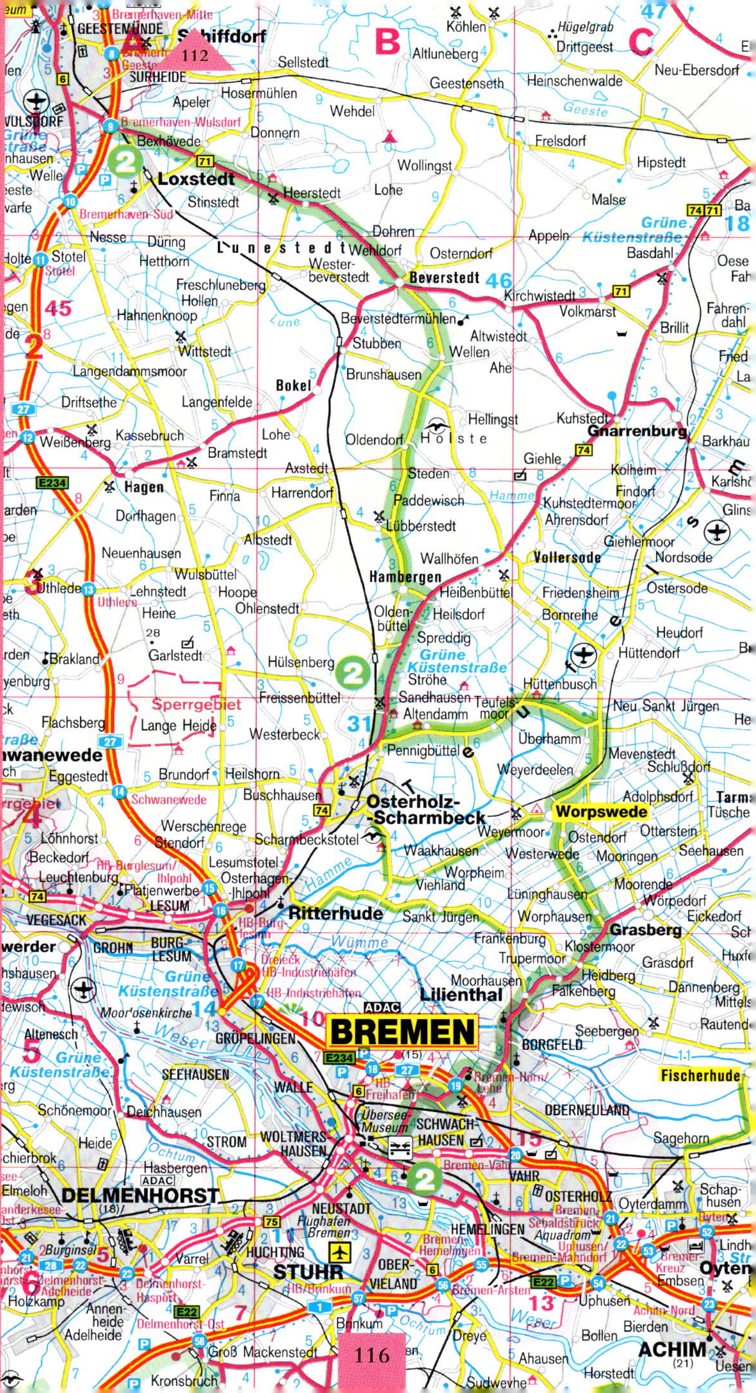

112
116
A
B
C
Bremerhaven-Mitte
GEESTEMÜNDE
Schiffdorf
Bremerh.-Geeste
SURHEIDE
Sellstedt
Köhlen
Altluneberg
Hügelgrab
Drittgeest
Neu-Ebersdorf
Geestenseth
Heinschenwalde
Apeler
Hosermühlen
Wehdel
Geeste
WULSDORF
Bremerhaven-Wulsdorf
Donnern
Bexhövede
Frelsdorf
Loxstedt
Wollingst
Hipstedt
Welle
Heerstedt
Lohe
Stinstedt
Malse
Bremerhaven-Süd
Nesse
Düring
Dohren
Appeln
Grüne Küstenstraße
Stotel
Hetthorn
Lunestedt
Wehldorf
Osterndorf
Basdahl
Holte
Westerbeverstedt
Beverstedt
Freschluneberg
Hollen
Kirchwistedt
Volkmarst
Fahrendahl
Hahnenknoop
Lune
Beverstedtermühlen
Brillit
Wittstedt
Stubben
Altwistedt
Wellen
Ahe
Langendammsmoor
Bokel
Brunshausen
Driftsethe
Langenfelde
Hellingst
Kuhstedt
Gnarrenburg
Kassebruch
Lohe
Oldendorf
Holste
Barkhausen
Weißenberg
Bramstedt
Giehle
Axstedt
Steden
Kolheim
Hagen
Finna
Harrendorf
Hamme
Findorf
Kuhstedtermoor
Dorfhagen
Paddewisch
Ahrensdorf
Lübberstedt
Gliesmoor
Albstedt
Neuenhausen
Wallhöfen
Vollersode
Nordsode
Wulsbüttel
Hambergen
Uthlede
Lehnstedt
Hoope
Heißenbüttel
Friedensheim
Ostersode
Heine
Ohlenstedt
Oldenbüttel
Heilsdorf
Bornreihe
Garlstedt
Spreddig
Heudorf
Brakland
Hülsenberg
Ströhe
Hüttendorf
Sperrgebiet
Freissenbüttel
Sandhausen
Teufelsmoor
Hüttenbusch
Lange Heide
Altendamm
Neu Sankt Jürgen
Flachsberg
Westerbeck
Überhamm
Pennigbüttel
Schwanewede
Weyerdeelen
Mevenstedt
Eggestedt
Brundorf
Heilshorn
Schlußdorf
Buschhausen
Adolphsdorf
Osterholz-Scharmbeck
Worpswede
Werschenrege
Stendorf
Scharmbeckstotel
Weyermoor
Ostendorf
Otterstein
Lohnhorst
Beckedorf
HB-Burglesum/Ihlpohl
Lesumstotel
Osterhagen-Ihlpohl
Waakhausen
Westerwede
Mooringen
Seehausen
Leuchtenburg
Platjenwerbe
Worpheim
Viehland
Moorende
LESUM
Lüninghausen
Wörpedorf
VEGESACK
Ritterhude
Sankt Jürgen
Worphausen
Eickedorf
Grasberg
GROHN
BURG-LESUM
HB-Burg-lesum
Wümme
Frankenburg
Klostermoor
Trupermoor
Dreieck HB-Industriehäfen
Grasdorf
Heidberg
Moorhausen
Falkenberg
Dannenberg
HB-Industriehäfen
Lilienthal
Moorlosenkirche
ADAC
BREMEN
Seebergen
Altenesch
GRÖPELINGEN
Weser
BORGFELD
Fischerhude
HB-Freihafen
Bremen-Horn/Lehe
SEEHAUSEN
WALLE
OBERNEULAND
Schönemoor
Deichhausen
Überseemuseum
SCHWACHHAUSEN
Sagehorn
Heide
STROM
WOLTMERSHAUSEN
Ochtum
Bremen-Vahr
VAHR
Hasbergen
OSTERHOLZ
Bremen-Sebaldsbrück
Elmeloh
DELMENHORST
NEUSTADT
Oyterdamm
Schaphusen
Flughafen Bremen
HEMELINGEN
Aquadrom
Burginsel
Varrel
HUCHTING
Bremen-Hemelingen
Uphusen/Bremen-Mahndorf
Bremer Kreuz
Oyten
Delmenhorst-Adelheide
STUHR
OBERVIELAND
Embsen
Delmenhorst-Hasport
HB/Brinkum
Bremen-Arsten
Uphusen
Holzkamp
Annenheide
Achim-Nord
Bierden
Adelheide
Delmenhorst-Ost
Brinkum
Dreye
Bollen
ACHIM
Groß Mackenstedt
Ahausen
Horstedt
Uesen
Kronsbruch
Sudweyhe

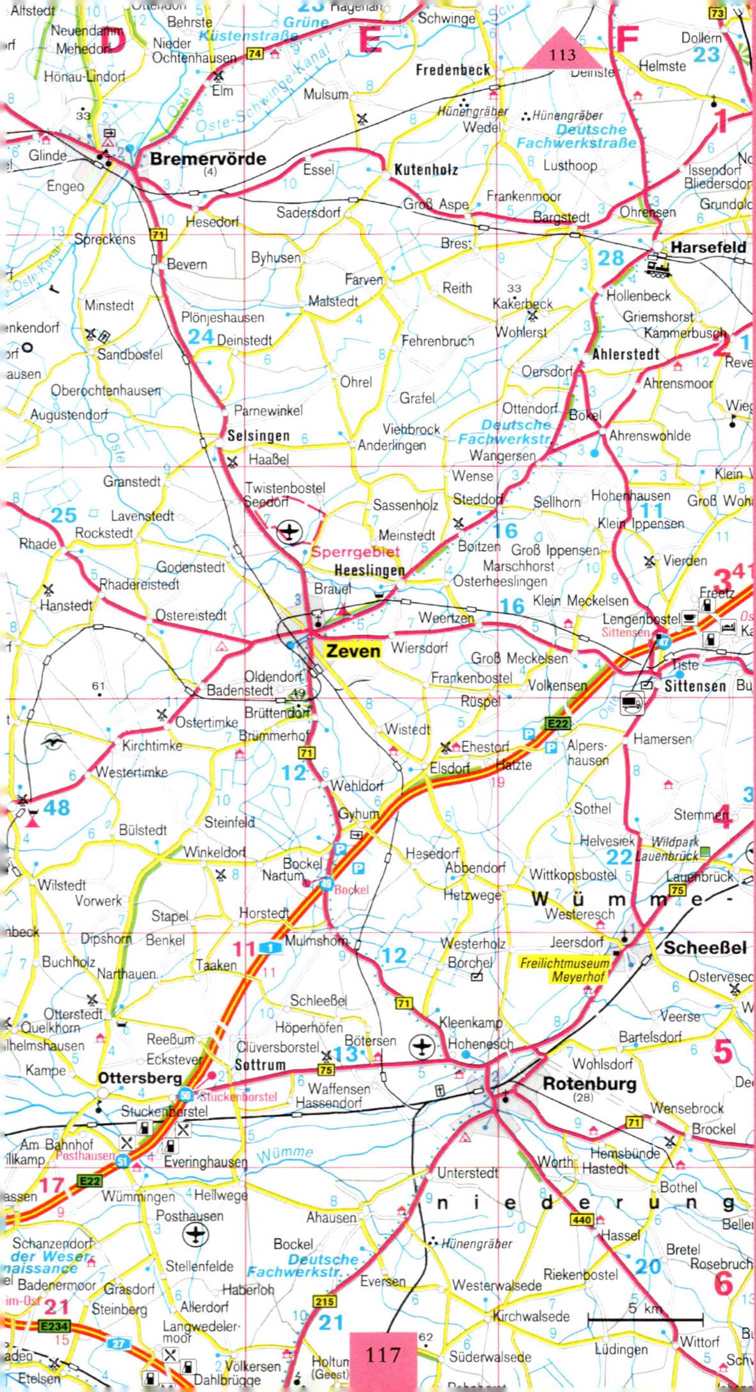

D
E
F
113
117
Hagenah
Grüne Küstenstraße
Schwinge
Altstedt
Neuendamm
Mehedorf
Behrste
Nieder Ochtenhausen
Hönau-Lindorf
Elm
Mulsum
Fredenbeck
Dollern
Helmste
Deinste
Oste-Schwinge-Kanal
Hünengräber
Wedel
Deutsche Fachwerkstraße
Glinde
Bremervörde
(4)
Engeo
Essel
Kutenholz
Lusthoop
Issendorf
Bliedersdorf
Grundoldendorf
Hesedorf
Sadersdorf
Groß Aspe
Frankenmoor
Bargstedt
Ohrensen
Harsefeld
Spreckens
Brest
Bevern
Byhusen
Farven
Reith
Kakerbeck
Hollenbeck
Griemshorst
Kammerbusch
Minstedt
Malstedt
Plönjeshausen
Deinstedt
Fehrenbruch
Wohlerst
Ahlerstedt
Sandbostel
Ohrel
Oersdorf
Ahrensmoor
Oberochtenhausen
Grafel
Ottendorf
Bokel
Augustendorf
Parnewinkel
Selsingen
Viehbrock
Anderlingen
Deutsche Fachwerkstr.
Ahrenswohlde
Haaßel
Wangersen
Wense
Granstedt
Twistenbostel
Seedorf
Sassenholz
Steddorf
Sellhorn
Hohenhausen
Groß Wohnste
Klein Ippensen
Lavenstedt
Rockstedt
Meinstedt
Boitzen
Groß Ippensen
Rhade
Sperrgebiet
Heeslingen
Marschhorst
Vierden
Godenstedt
Osterheeslingen
Rhadereistedt
Brauel
Klein Meckelsen
Freetz
Hanstedt
Ostereistedt
Weertzen
Lengenbostel
Sittensen
Zeven
Wiersdorf
Groß Meckelsen
Tiste
Oldendorf
Frankenbostel
Volkensen
Badenstedt
Sittensen
Brüttendorf
Rüspel
Ostertimke
Brümmerhof
Wistedt
Ehestorf
Alpershausen
Hamersen
Kirchtimke
Hatzte
Westertimke
Elsdorf
Wehldorf
Sothel
Stemmen
Bülstedt
Steinfeld
Gyhum
Helvesiek
Wildpark Lauenbrück
Winkeldorf
Hesedorf
Abbendorf
Bockel
Nartum
Bockel
Wittkopsbostel
Lauenbrück
Wilstedt
Vorwerk
Hetzwege
Wümme-
Westeresch
Stapel
Horstedt
Dipshorn
Benkel
Mulmshorn
Westerholz
Jeersdorf
Scheeßel
Buchholz
Taaken
Borchel
Freilichtmuseum Meyerhof
Narthauen
Ostervesede
Schleeßel
Otterstedt
Quelkhorn
Höperhöfen
Kleenkamp
Veerse
Reeßum
Bötersen
Hohenesch
Bartelsdorf
Helmshausen
Eckstever
Clüversborstel
Kampe
Sottrum
Wohlsdorf
Ottersberg
Rotenburg
(28)
Waffensen
Stuckenborstel
Hassendorf
Stuckenborstel
Wensebrock
Am Bahnhof
Brockel
Posthausen
Everinghausen
Wümme
Hemsbünde
Worth
Hastedt
Unterstedt
Wümmingen
Hellwege
Bothel
niederung
Posthausen
Ahausen
Hassel
Schanzendorf
der Weser-Renaissance
Bockel
Hünengräber
Bretel
Rosebruch
Deutsche Fachwerkstr.
Riekenbostel
Badenermoor
Grasdorf
Haberloh
Eversen
Westerwalsede
Steinberg
Allerdorf
Kirchwalsede
Langwedeler-moor
5 km
Wittorf
Lüdingen
Süderwalsede
Völkersen
Holtum (Geest)
Etelsen
Dahlbrügge

LEGENDE REISEATLAS

Autobahn mit Anschlussstelle und Anschlussnummer	Idstein 45 Viernheim	Motorway with junction and junction number
Autobahn in Bau mit voraussichtlichem Fertigstellungsdatum	Datum Date	Motorway under construction with expected date of opening
Rasthaus mit Übernachtung · Raststätte	Kassel	Hotel, motel · Restaurant
Kiosk · Tankstelle		Snackbar · Filling-station
Autohof · Parkplatz mit WC	P	Truckstop · Parking place with WC
Autobahn-Gebührenstelle		Toll station
Autobahnähnliche Schnellstraße		Dual carriageway with motorway characteristics
Autobahn oder autobahnähnliche Schnellstraße in Planung		Motorway or dual carriageway with motorway characteristics, projected
Fernverkehrsstraße		Trunk road
Hauptverbindungsstraße		Important main road
Verbindungsstraße		Main road
Nebenstraßen		Secondary roads
Fahrweg · Fußweg		Carriageway · Footpath
Gebührenpflichtige Straße		Toll road
Straße für Kraftfahrzeuge gesperrt		Road closed for motor vehicles
Straße für Wohnanhänger gesperrt		Road closed for caravans
Straße für Wohnanhänger nicht empfehlenswert		Road not recommended for caravans
Autofähre		Car ferry
Hauptbahn · Bahnhof · Tunnel		Main line railway · Station · Tunnel
Autozug-Terminal		Autorail station
Besonders sehenswertes kulturelles Objekt	Neuschwanstein	Cultural site of particular interest
Besonders sehenswertes landschaftliches Objekt	Breitachklamm	Landscape of particular interest
Landschaftlich schöne Strecke		Route with beautiful scenery
Touristenstraße	Hanse-Route	Tourist route
Museumseisenbahn		Tourist train
Kirche, Kapelle · Kirchenruine		Church, chapel · Church ruin
Kloster · Klosterruine		Monastery · Monastery ruin
Schloss, Burg · Burgruine		Palace, castle · Castle ruin
Turm · Funk-, Fernsehturm		Tower · Radio or TV tower
Denkmal · Soldatenfriedhof		Monument · Military cemetery
Ruinenstätte, frühgeschichtliche Stätte · Höhle		Archaeological excavation, ruins · Cave
Hotel, Gasthaus, Berghütte		Hotel, inn, refuge
Campingplatz · Jugendherberge		Camping site · Youth hostel
Schwimmbad, Erlebnisbad, Strandbad · Golfplatz		Swimming pool, leisure pool, beach · Golf-course
Sonstige bedeutende Objekte		Other important objects

5 km

In diesem Register finden Sie alle in diesem Führer erwähnten Orte und Ausflugsziele. Halbfette Seitenzahlen verweisen auf den Haupteintrag, kursive auf ein Foto.

Was bekomme ich für mein Geld?

Restaurants und Unterkünfte gibt es an der niedersächsischen Nordseeküste für jeden Geldbeutel. Die Preisspanne für ein Kännchen Kaffee reicht von 3,50 Mark wie im Alten Kurhaus von Dangast bis zu 8 Mark in guten Hotels. Wer hungrig ist, kann für 3 Mark ein Fischbrötchen verzehren oder sich für 38 Mark eine Seezunge servieren lassen. Für die Portion Hummer zahlen Sie mehr: in Weddig's Fischstube auf Helgoland z.B. 56,50 Mark für 650 Gramm.

Eine Ausgabe, an der niemand vorbeikommt, ist die Kurtaxe. In Dornumersiel zahlen Sie zwischen 15. März und 31. Oktober ab 16 Jahren 2,50 Mark pro Tag, für Kinder zwischen 6 und 15 1,80 Mark pro Tag. In Norden-Norddeich werden zwischen 1. Juni und 15. September ab 15 Jahren 3 Mark pro Tag verlangt, für Kinder zwischen 4 und 14 1,50 Mark. In Esens-Bensersiel zahlt man vom 15. März bis 31. Oktober ab 16 Jahren 3 Mark pro Tag, für Kinder zwischen 6 und 15 2 Mark pro Tag. Helgoland ist teurer: Von April bis Oktober zahlen Erwachsene 5 Mark pro Tag, Kinder und Jugendliche dafür aber gar nichts.

Für die Fähre von Helgoland zur Düne werden von erwachsenen Tagesbesuchern hin und zurück 8 Mark verlangt, ein Inselrundflug um Helgoland kostet 45 Mark für Erwachsene und 35 Mark für Kinder. Um nach Helgoland zu gelangen, zahlen Erwachsene für die Tagesrückfahrkarte ab Cuxhaven 58 Mark, Kinder bis 12 Jahre 30 Mark. Familienkarten kosten 138 Mark.

Einen Strandkorb zu mieten kostet für Kurkarteninhaber in Butjadingen 9 Mark pro Tag oder 55 Mark pro Woche, auf der Düne von Helgoland im Juli und August 12 Mark pro Tag. Tagesbesucher ohne Kurkarte zahlen in Butjadingen 11 Mark pro Tag. Tageskarten für den Strand kosten für Gäste ohne Kurkarte in Burhave 4 Mark pro Tag, Kinder zwischen 4 und 13 zahlen die Hälfte. Ein Fahrrad zu leihen kostet in Tossens ab 8 Mark pro Tag, ein Bollerwagen 6 Mark pro Tag oder 30 Mark pro Woche.